Walter Ritter

Die Liebe geht durch die Haut

Beziehungen zu mir und anderen

Mit Zeichnungen von Ulrich Frei

Friedrich Reinhardt Verlag Basel

Umschlaggestaltung: Ulrich Frei, Zürich

Mit freundlicher Unterstützung
der Evangelisch-reformierten Landeskirche
des Kantons Zürich

Die Deutsch Bibliothek – CIP-Einheitsaufnahme

Ritter, Walter:
Die Liebe geht durch die Haut : Beziehungen zu mir und anderen / Walter Ritter. – Basel : Reinhardt, 1996
ISBN 3-7245-0921-9

Printed in Switzerland by Reinhardt Druck Basel
ISBN 3-7245-0921-9

Inhalt

Ich mag mich

Mit mir fängt alles an. Immer wieder. Das ganze lange Leben lang. Immer wieder mit mir: Mag ich mich? Bin ich zufrieden mit dem jetzigen Leben? Was stört mich? Lässt sich dies ändern? Wenigstens verbessern? Oder immerhin erträglich machen?

Die Entdeckung meiner eigenen Person ist eine Lebensaufgabe. Sie steht vor der Entdeckung anderer Personen. Eine gute Beziehung zu mir ist die Voraussetzung für gute Beziehungen zu andern. Wenn ich immer wieder mit mir ins Lot komme, also immer wieder meine ausgleichende Mitte suche, bin ich fähig, andere Menschen zu lieben. Wenn ich mich selbst entdecke, kann ich andere entdecken. Wenn ich mir Freundlichkeiten und Zärtlichkeiten geben kann, schaff ich es auch bei andern. Wenn ich mich akzeptiere und liebe, kann ich auch andere in ihrer Eigenartigkeit akzeptieren und lieben. Wenn ich eine gute Beziehung zu mir pflege, kann ich gute Beziehungen zu andern Menschen aufbauen.

Mit mir fängt es an. Ich muss in den Spiegel gucken. Immer wieder. Auch wenn ich dabei erschrecke. Es gibt heilsame Überraschungen und Schocks.

Von Walter H. Schmidt ist die folgende Geschichte:

Ein alter Scheich hatte in seinem ganzen Leben noch nie einen Spiegel gesehen; er wusste darum auch nicht, wie er aussah. Eines Tages kam ein Fremder von weither und brachte ihm einen blanken Spiegel mit. Der Scheich sah hinein und liess den Spiegel vor Schreck fallen, so dass dieser in hundert Scherben ging: Der Scheich hatte sein eigenes Gesicht gesehen. «Ich bin krank», sagte er zu seinem Diener, «leg mir von unseren Heilkräutern auf Brust und Stirn. Ich will mich drei Tage in mein Zelt zurückziehen, damit ich wieder gesund werde.» Während der Diener tat, was ihm befohlen war, lächelte er verstohlen: «Pascha Effendi, du hast dich nur ein einziges Mal gesehen und bist davon krank geworden. Ich sehe dich jeden Tag viele Male: Wunderst du dich nicht, dass ich noch heil bin?» Der Scheich gab keine Antwort. Er fing an, in sich selbst hineinzuschauen, einen Scherben des Spiegels in der Hand. Und je länger er sich ansah, desto mehr wunderte er sich. Manchmal meinte er, sich vor Allah in den Sand werfen zu müssen als Dank für all das Schöne, das er schaute; meistens jedoch wurde er sehr traurig, denn er sah viel Hässliches, das er vorher nie gesehen hatte. Er war oftmals sehr zornig geworden und hatte nicht selten seine besten Diener auspeitschen lassen. Nach drei Tagen befahl er seinem Diener: «Hol mir den Fremden! Ich will ihn bitten, dass er mir einen neuen Spiegel schenkt; den will ich in meinem Zelt aufhängen, auf dass ich immer mein Gesicht sehen kann. Er soll mir noch 100 Spiegel geben, ich gebe ihm Gold dafür. Die will ich meinen Freunden schenken...»

Es geht um meine Persönlichkeit, meine Identität, meine Eigenentwicklung. Der Scheich ist ein alter Mann. Genauso auf der Suche nach sich selbst sind auch junge Menschen, Mittvierziger, Arbeitsanfänger oder Frischverheiratete. Alle suchen sich. Identität ist nicht etwas, das ich einmal erworben oder gekauft habe und dann für mein ganzes Leben besitze. Die dauernden Veränderungen meiner Umwelt erfordern bei mir ständig neue Standortbestimmungen.

Wer sind meine Spiegel? – Bücher, Zeitungen, die Natur, die Kunst können spiegeln. Vor allem sind es Mitmenschen. Alte, verschwundene, sogar gestorbene, ganz besonders aber heutige, jetzige, alltägliche. Spiegel wegwerfen, davonlaufen, sich für immer zurückziehen und krank werden, wie der Scheich, sind mögliche Reaktionen. Jedoch kaum die besten, die weiterführenden. Es sind Fluchtversuche, die in Sackgassen enden. Sich Zeit nehmen, sich besinnen, einen Spiegelscherben angucken, sich wundern, eine Krise durchstehen sind eher weiterführende Wege.

Beim Scheich und bei mir tauchen beide Seiten auf: Angenehmes und Unangenehmes, Erfreuliches und Störendes, Gutes und Schlechtes. Beide Seiten sind in mir, Licht- und Schattenseiten. Zum Ganzwerden gehören besonders auch das Akzeptieren und Integrieren meiner Negativposten in der Lebensbilanz.

C.G.Jung unterscheidet zwischen Wohl und Heil des Menschen. Zum Wohl gehören Gesundheit und Zufriedenheit, also körperliches und seelisches Ausgeglichensein. Zum Heil gehören der Kontakt mit Gott, das Sinnfinden im Höheren, die religiöse Identität. Mein Heil finden ist ebenfalls eine Lebensaufgabe. Es gibt erschreckend viele Heilswege, Heilspropheten, Heilgurus, Heilmittel, Heilverkünder. Welcher ist mein religiöser Weg? Welche göttlichen Kräfte tragen mich durch schwere Schicksalsschläge, durch Schmerzen, Alter, Tod? Zeiten der Selbstfindung sind darum immer auch Heilzeiten.

Der Weg zu mir ist meistens mühsam. Die biblische Geschichte des verlorenen Sohnes beschreibt einen Irrweg. Der junge Mensch will weg aus dem Schutz des Elternhauses. Er will selbständig sein. Aber er lebt vom Erbteil, von den Fähigkeiten und Eigenschaften seiner Eltern. Erst im Elend, nach dem finanziellen Zusammenbruch, erst bei den Schweinen formuliert die weltberühmte Parabel: «Da ging er in sich.» Schwere Lebenstage, äussere und innere Zusammenbrüche sind nicht immer die Bedingung für ein inneres Reifen. Auch lange nicht alle Erschütterungen und Desaster bereichern die Seele. Aber Wüstenzeiten, extreme Alleinseinphasen, finstere Wege und Durststrecken gehören in jedes Leben.

Ich brauche Eigenzeit. Das ganze Leben lang regelmässige Besinnungspausen, Nachdenkmomente, Meditation, Auftankmöglichkeiten, Nahrung für meine Seele. Viele Menschen leben seelenlos, sind innerlich tot. Sie funktionieren äusserlich. Ihre Seele ist verdurstet, verhungert.

Ich brauche ein inneres Fundament, Glauben, eine Basis, Selbstvertrauen. Weil ich mir vertraue, kann ich andern Menschen vertrauen. Weil ich innerlich, seelisch sicher bin, kann ich mich auf die Unsicherheiten der Beziehungen und des Lebens überhaupt einlassen. Weil ich mir vertraue, kann ich standfest im reissenden Lebensstrom, in den wilden Umweltveränderungen stehen.

Pascha Effendi bleibt nicht für immer in seinem Zelt. Rückzug auf eigene psychische und religiöse Substanzen ist nur ein erster Teil der Suche nach sich selbst. Ich brauche, wie der Scheich, andere Menschen, andere Spiegel. Ich werde selbst Spiegel für andere Menschen sein. Ich werde Geschenke, Annahme und Liebe anderen Menschen geben. Und ich selber brauche Geschenke, Annahme und Liebe von meinen Mitmenschen.

Viele Menschen sind nicht mehr fähig, eine sinnvolle Eigenzeit zu gestalten. Sie könnten beim Nichtstun ja etwas verpassen. Da ist die Angst vor dem nächsten Wochenende: O je, was machen wir denn da? Da ist der Erwartungsdruck an die Zweier- und Familienbeziehung: O je, was soll ich mit meinem Partner denn reden? Was tun wir mit den Kindern, wenn es regnet? – Darum die Flucht in die Scheinwelt, ins organisierte Freizeitgeschäft. Egal, wieviel es kostet: Geld haben wir ja. Lieber ein billiges, gekauftes Freizeitvergnügen als depressives Alleinsein, als Streit mit dem Ehepartner, den Kindern oder den Verwandten. Der Wahn heisst: Sogar Lebenssinn ist käuflich! Darum blüht der Freizeitmarkt: Ein Fünftel des ganzen Haushaltbudgets gibt eine Schweizer Familie für die Freizeit aus. Das sind 240 Prozent mehr als vor zehn Jahren.

Dabei zeigte die Umfrage eines Hamburger Freizeitforschers andere Schwerpunkte. Da wünschten sich die Deutschen für die Jahrtausendwende nämlich: Erstens mehr Zeit für sich. Zweitens mehr Zeit für die andern. Erst an dritter Stelle folgten Konsumwünsche.

Ich brauche Zeit für mich, Eigenzeit. Nach sinnvollen Stunden und Zeiten lechzen wir alle. Zeit für mich, das heisst Gespräche mit mir. Und Zeit für andere, das heisst Gespräche mit Freunden, Freundinnen, Kollegen, Kolleginnen, Bekannten, Eltern, dem Lebenspartner und den Kindern, wichtigen Menschen. In mir und in andern Menschen lerne ich Gott kennen.

Ich bleibe eine eigene Persönlichkeit in allen Beziehungen. Sicher gehören Nachgeben, Kompromisse dazu. Das will ich gerne ab und zu eingehen. Aber ich werde mich nie total aufgeben, mich nie vollständig aufopfern. Nur gesunde Eigenpersönlichkeiten bewahren Beziehungen vor Langeweile, Krankheit und Tod. Weil ich die Identität meines Beziehungspartners respektiere, erwarte ich auch das Umgekehrte, also dass mein Partner meine Identität auch aufmerksam, rücksichtsvoll und zärtlich respektiert.

Ich mag mich. Ich mag mein Alter, mein Aussehen, meine Haare, meine Beine, mein Gesicht, meine Figur, mein Temperament, meinen Charakter. Das sind seltene Sätze! Warum? Weil viele Menschen ihren Körper nicht mögen, ihn sogar hassen. Sie entdecken dauernd etwas, womit sie nicht zufrieden sind, Störendes, Unvollständiges. «Wenn ich die Haare von jenem Filmstar hätte, oder das Geld jener Sportgrösse, ja, dann wäre ich glücklich! Wer seinen Körper, seine Gestalt, seine Finger, seine Gefühle, seine Geschlechtsorgane, sein Gehör, seine Haut, seine Schönheitsfehlerchen nicht akzeptiert, der kann auch nicht andere Menschen akzeptieren, kann nicht frei, vorurteilslos auf jene zugehen und gute Beziehungen aufbauen. Denn ich bin mein Körper. Darum ist es wichtig und gut, wenn ich mit mir auskomme, mich pflege und mich wohlfühle in meiner Haut. Ich mag mich. Sich mögen ist erste positive Akzeptanz. Da ist ein grundsätzliches Ja. Sicher sehe ich mögliche Verbesserungen, nötige Korrekturen, auch Entfaltungs-Chancen. Doch die jetzige Grundhaltung stimmt. Ich bin zufrieden mit mir. Ich sage Ja zu mir.

Besinnung

- Wann bin ich gerne alleine? Warum?
- Wann ist alleinsein für mich lästig, bedrohlich? Warum?
- Wann kann ich mein Alleinsein bestens gestalten? Warum?
- Wann zieht es mich zu anderen Menschen? Warum?

♡

Sie zu ihm. Er zu ihr:

«Denk nicht dauernd an mich! Ich will auch einmal allein sein!»

♡

Alle

Alleinlebende und Beziehungspartner erleben bedrückende und beglückende Alleinsein- und Gemeinschafts-Lebensphasen.

♡

Bei mir zu Hause sein

- Wenn du bei dir selber nicht zu Hause bist, bist du nirgendwo zu Hause.
- Eine schöne Wohnung ist noch kein Zuhause, vielleicht ein kaltes Nest.
- Ich kann mir etwas zuliebe tun: Blumen, Musik, Kerze, Schlaf...
- Der wichtigste Weg führt nach innen: Ich will mich kennen lernen! Wer bin ich? Was will ich? Was will ich nicht? Welche Lebenslüge schleppe ich mit mir herum? Welche Masken?
- Wo getraue ich mich, (zu mir und zu anderen) mutig, ehrlich zu sein? Wo heuchle ich Freude, Wohlbefinden, Plausch?
- Ich bin nicht da, um so zu sein, wie du mich haben willst.

Ich bin mein Weg

Mein Leben ist ein Weg. Meistens bin ich allein. Etwa in persönlichen, kritischen Auseinandersetzungen und Entscheidungen. Ich allein muss entscheiden. Sicher sind Umfragen, Anfragen und Rückfragen an Mitwanderer möglich. Aber gewisse letzte, endgültige Beschlüsse muss ich ganz allein fassen. Die entsprechenden konsequenten Schritte muss ich allein gehen, die Verantwortung für mein Tun oder Nichttun selber tragen: Soll ich diese Zweierbeziehung wagen? Soll ich diese Operation machen lassen? Soll ich jenen Kontakt abbrechen? Soll ich die Arbeitsstelle wechseln? Soll ich etwas ganz Neues riskieren?

Martin Buber notierte die Geschichte des Wunderrabbi Meir:

Wenn Gott mich im Jenseits fragen wird: Meir, warum bist du nicht Moses geworden? – so werde ich sagen: Mein Gott, weil ich nur Meir bin. Und wenn er mich weiter fragen wird: Meir, warum bist du nicht Ben Akiba geworden? – so werde ich gleichfalls sagen: Mein Gott, weil ich eben Meir bin. Wenn er aber fragt: Meir, warum bist du nicht Meir geworden? – was werde ich da antworten?

Ich bin Ich. Du bist Du. Du bist nie Ich. Ich bin nie Du. Ich werde nie Du. Ich werdend wage ich ein Du auszusprechen. Kein Baum ist wie ein anderer. Zwar gleichen sich die Birnbäume, die Nussbäume. Aber jeder hat seine spezifische Form, sein ganz persönliches, charakteristisches Aussehen. Kein Blatt gleicht einem anderen. Zwar gleichen sich alle Kirschbaumblätter oder Birkenblätter. Aber jedes einzelne Blatt hat seine spezifische Form, sein ganz persönliches, nicht verwechselbares Aussehen. Jeder Mensch hat seine Stimme, seine Nase, seinen Charakter, seinen Gang, sein Temperament, seine Träume, Ängste, Schmerzen,

Neigungen und Abneigungen. Kein anderer Mensch lebt, denkt, träumt, lacht, weint, isst, singt, tanzt, geniesst, fühlt genau wie ich. Es ist anstrengend, dieses Ich zu sein, zu werden. Es braucht immer wieder Mut und ein ehrliches Ja zu meiner Persönlichkeit. Es ist anstrengend, meine Baum- und Blatt-Originalität zu leben.

Ich bin ein Original. Und ich will nicht als eine Kopie sterben. Ich will mutig Ich sein und Ich bleiben. Ich will mich nicht dauernd mit andern Menschen vergleichen. Ich will nicht andere kopieren. Ich will mein Leben leben, es nicht verfehlen. Ich trage die Verantwortung für mein Leben. Ich schwimme sogar gegen den Strom, denn meine Umwelt will mich immer wieder einordnen, numerieren, katalogisieren, kartieren, schubladisieren, codieren, benoten, messen, vergleichen. Die ganze Welt will genau das Gegenteil von Selbstfindung und Originalität. Zu viele Menschen haben zu wenig Selbstvertrauen. Viele leben für andere, opfern sich, machen sich verletzlich, sind für andere nützlich und brauchbar. Solche Menschen leben nicht ihr Leben. Sie fühlen sich minderwertig und unglücklich. Sie fügen sich ein und unter, in Institutionen, in Gruppen, Vereinen, Hobby-Clubs. Andere denken dann für sie. Das mag hie und da bequem, angenehm sein. Aber fürs ganze Denken, für alle Lebensbereiche sicher nicht.

Das Ziel meines Weges ist (immer wieder, immer wieder) Selbstfindung, Individuation. «Meir, warum bist du nicht Meir geworden?» fragt Gott in der obigen Geschichte. Ich will Ich sein. Ich will mein Haus kennenlernen und darin wohnen. Wer bei sich selbst nicht zu Hause ist, ist nirgends zu Hause. Jeder Wegabschnitt beginnt bei mir. Aus meinem Herzen kommt Wanderenergie. Gottes Kraft ist in mir. Sie verändert, formt mich. Ich muss nicht auf einen Heilbringer warten. Praktisch alle bringen nur Un-Heil. Sogar dieser Gott in mir ist nicht etwas Festgefahrenes, Fixiertes, Statisches. «Ich bin, der ich bin», sagt er im Alten Testament. Verbindung finden mit diesem unterwegs seienden Gott ist Erkundung des eigenen Wesens. Mein Ich suchen ist lebenslange, leidenschaftliche Suche nach meiner eigenen Natur, die ich noch nicht habe. Ich muss werden, wer ich bin. Ich bin noch nicht Ich. Aber ich will der werden, der ich bin. Meir will Meir sein. Nur Meir. Aber das 100%ig. «Ich bin der Weg, die Wahrheit und das Leben», sagt Jesus. Seinen Weg gehen bringt Leben. Wer in sich geht, geht darum richtig. Immer wieder sich finden und einige Schritte tun, sich entscheiden, weitere Schritte tun. Das ist selbstgestaltetes Leben.

Mein Weg liegt in mir. Ich bin. Ich bin Ich, nicht Du. Mein Wert ist nicht meine Nützlichkeit, nicht meine Leistung, nicht meine Brauchbarkeit. Meine wichtigsten Fragen sind darum, solange ich bin: Wer bin ich jetzt? Was will ich jetzt? Bin ich am richtigen Ort? Was soll ich ändern? Wie ist das möglich?

Originale sind einsam. Jeder Mensch ist einsam. Jeder Lebensweg führt durch Zeiten des Nachdenkens. Ich kenne die Leere, die Wüste, die Brachzeit, die Pause, das Verpuppen und Verändern zu einem Schmetterling. Auf dem Weg zu mir begegne ich immer wieder Gott. Nicht in Stürmen, Blitzen, Naturgewalten. Im Säuseln, im Hauch, im Atem. Dieser innere Begleiter ist mein Kompass. Er hat mich bei meinem Namen gerufen. Ich bin sein. Ich vertraue ihm. Er öffnet mir Wege. Er geht sie nicht für mich. Ich muss mein Leben in meine Hand nehmen. Gott sagt mir: Ich mag dich! Ich liebe dich! Du bist recht, so wie ich dich geschaffen habe! Fürchte dich nicht! Du bist in meiner Hand! Geh deinen Weg und liebe!

Meine Lebensquelle ist in mir. Ich will zu mir selber kommen. Ich will immer wieder in mich gehen. Mit meiner inneren Gotteskraft bewältige ich fröhliche und schwere Lebenswegstrecken, Freudenfeste und Schicksalsschläge. Wenn mir Mut und Hoffnung sinken, ziehe ich mich zurück zur Quelle. Ich spüre, wie wieder andere, sogar ungeahnte Kräfte fliessen. Ich reife in Krisen, in schweren Lebenszeiten. Auch wenn Entscheidungen anstehen, ziehe ich mich zur Quelle zurück. Was für mich richtig oder falsch ist, muss ich selber immer wieder neu überlegen, neu suchen, neu entscheiden. Sogar wenn ich die Wahrheit suche, gehe ich zu meiner Quelle. Was für mich die Wahrheit ist, muss ich suchen, muss ich mir sagen, kein Gesetz, kein Gericht, kein Seelsorger. Ich muss meine Wahrheit selbst suchen, meine Entscheidungen selbst fällen, für mein Leben Verantwortung übernehmen, die Konsequenzen meiner Entscheidungen selbst tragen.

Mein Lebens-Weg ist turbulent und sehr abwechslungsreich. Da gibt es Kurven, Brücken, Tunnels, Hügel, Dickicht, Flachland. Mal gehts aufwärts, mal abwärts. Es kommen Hindernisse, zum Überklettern, zum Umgehen. Dann wieder Höhenwege mit prächtigster Aussicht. Ein enges, beklemmendes Tal mit Felsen, Klüften, Wasserfällen. Schmale Stellen und breite. Wechselnde Temperaturen und Empfindungen. Längere und kürzere Rast- und Ausruhmöglichkeiten. Mal reichlich Verpflegung, aber auch Durststrecken. Mal drückender Rucksack, mal leichtes Gepäck. Hässliche Geröllhalden wechseln mit friedlichen Seeuferstrecken und Ruhebänklein. Ich will neugierig sein und bleiben: Was kommt hinter der nächsten Kurve? Was bringt der morgige Tag Neues?

Mein Weg führt zu Selbständigkeit, Selbst-Achtung, Selbst-Respekt. Kein Mensch wird nullkommaplötzlich eine reife Persönlichkeit. Auch zunehmendes Alter macht (leider) nicht automatisch weiser. Was hilft mir denn? – Es sind viele äussere und innere Impulse, die mich das ganze liebe Leben lang prägen. Darum brauche ich immer wieder einen Lebens-Marschhalt, ein Verschnaufen, ein Atemholen, Selbstbesinnung, Selbstbespiegelung, Standortbestimmungen: Welche Einflüsse beeinflussen mich positiv, welche negativ? Welche Gewohnheiten und Traditionen übernehme oder ändere ich? Welche Ängste lähmen oder beflügeln mich? Entscheide ich selbst oder tut es meine Umwelt für mich? Welche derzeitigen Bedingungen und Beziehungen sagen mir zu und welche will ich ändern? Finde ich Zeit für meine Probleme und für die Probleme meiner Umwelt?

Jede grosse Reise beginnt mit einem kleinen Schritt. Er geschieht nicht von selbst. Der erste Schritt ist meine Entscheidung. Ich will! Ich will innerlich unterwegs sein. Meine Lebenswegverbesserungen sind nicht Gewaltaktionen, sondern schlichte Versuche, nicht übergrosse Sprünge, sondern mutiges Kleinverändern. Statt das Chaos im ganzen Dachstock auszuräumen, ordne ich ein einziges Fach eines Schrankes. Statt immer Drucksachen wegzuwerfen, retourniere ich mal einige. Statt unnötig unter einer kranken Beziehung zu leiden, versuche ich es mit möglichen Korrekturen. Statt mich dauernd anzupassen, tanze ich einmal aus der Reihe. Statt andere Menschen für mein Wohlgefühl verantwortlich zu machen, korrigiere ich meine miesen Launen und Stimmungen. Statt Sündenböcke zu suchen, verbessere ich meine Persönlichkeitsstruktur. Statt meine(n) Beziehungspartner dazu anzuhalten, mich täglich glücklich zu machen, kümmere ich mich selber um meine innere Lebensqualität.

In mir schlummert noch mehr. Ich besitze Talente, Fähigkeiten, Gaben. «Der eine erhielt fünf Talente, der andere zwei, der dritte eines», erzählt Jesus. Und keiner bekam nichts. Es gibt unter uns Menschen keine Nieten, keine Flaschen, keine Unbegabten, keine Nichttalentierten. Alle können oder könnten etwas. Alle. Auch ich. «Und diese Geschenke, dieses Vermögen sollt ihr nicht vergraben», empfiehlt Jesus. Darum gibt es 40jährige, die erstmals Eltern werden; 50jährige, die erstmals töpfern; 60jährige, die erstmals die Universität besuchen; 70jährige, die das

Patchworken entdecken; 80jährige, die spannend erzählen können; 90jährige, die einige Sätze in einer Fremdsprache lernen, 100jährige, die Tagebuch schreiben.

Wer auf dem Weg ist, lebt bewusst. Ich nehme mir Zeit. Ich setze mich. Ich lebe achtsam. Ich lebe im Jetzt. – Meine Frau und ich reden vom «Blick des Tages». Konkret tönt das so: «Hier ist es schön. Hier wollen wir verweilen. Das ist ein Blick des heutigen Tages.» Und so handelten wir schon auf der Hochzeitsreise. Noch heute können wir diese eingeprägten Bilder, diese konzentriert «computerisierten» Lebensweg-Eindrücke abrufen: «Weisst du noch, dort und dort?» – «Ja, genau, beim Haus unten rechts hat eine Frau Wäsche aufgehängt...»

Den Weg gehen heisst weggehen. Weggehen vom Zuhause, von einem vertrauten Ort, einer frohen Gesprächsrunde, einem spannenden Kurs, einem Lebensabschnitt, einem wichtigen Menschen. Weitergehen heisst vorwärts gucken. Weggehen heisst loslassen, Abschied nehmen, adieu sagen, neue Horizonte suchen, neue Perspektiven wagen. Das Leben steht nie still. «Wer pflügt, soll nicht rückwärtsschauen», sagt Jesus. Die Frau Lots tat genau das, und sie erstarrte, verlor Lebendigkeit, starb. Rückwärtsorientierte verlieren sich, verirren, erlahmen, erstarren, sterben ab. Alles Leben geht vorwärts. Kein Bach fliesst zur Quelle zurück.

Wer auf dem Weg ist, ist unterwegs. Wir sind Pilger auf unserer Lebenswegstrecke. Wir sind Fremde. Wir sind für einige Jährchen Gäste auf dieser Welt. Wir verlassen immer wieder alte Gewohnheiten, Fixierungen, Festgepflocktes. Diese Gewohnheiten waren nicht schlecht. Sie passten früher bestens zu mir. Aber jetzt ist es anders: Jetzt suche ich neue Begegnungen, neue Tätigkeiten. Abschiede sind mühsam und traurig. Mit einem Ziel vor Augen geht das Weggehen besser. Der Weg ist darum das Ziel. Ich muss unnötige Steine aus dem letzten Lebensabschnitt nicht mitschleppen. Ich darf drückende Seelenbrocken zurücklassen. Ballast ablassen beschwingt jeden Ballonflug. Lebensballast ablassen beflügelt auch.

Ich muss nicht perfekt sein, sondern auf dem Weg. Ich muss nicht alles können, nicht alles wissen, nicht alles verstehen, nicht alles gesehen oder gelesen haben. Ich bin auf meinem Weg. Und dieser Weg ist das Ziel. Mich packt bereits das zweite Kapitel eines Romans, nicht erst das

Happy-End. Mich erfreuen schon die Vorbereitungen einer Reise. Ich geniesse bereits die Vorspeise, nicht erst das Dessert. Mich erfüllt das (sogar mühsame) Schreiben eines persönlichen Briefes, nicht erst das zufriedene Aufatmen beim Briefeinwurf auf der Post. Ich will im Spitalbett meine Situation überdenken, nicht erst nach der Entlassung. Ich höre jetzt konzentriert auf die Anruferin am Telefon und denke nicht schon an die Telefongespräche, die ich noch erledigen sollte.

Für viele Menschen ist leider nicht der Weg das Ziel, sondern die Ankunft. Sie leben endfixiert, ersehnen den Kursabschluss, das Konzertende, den Orgasmus, den Feierabend, den Silvester, das Ausziehen der Kinder, die Pensionierung. Dabei ist das Kennenlernen und Erarbeiten von neuen Informationen viel spannender als der Kursabschluss, die kurze Diplomfeier. Das Entstehen eines Musikprogramms, das langsame, mühsame, stückweise Einüben des Meisterwerkes ist mindestens so faszinierend wie die endgültige Aufführung. Schon die Eisenbahnfahrt von A nach B ist hübsch, nicht nur die Ankunft in B. Ich geniesse das unbeschwerte, körperliche Beisammensein. Auf den «Höhepunkt», auf den (gemeinsamen) Orgasmus fixierte Partner verpassen die hübsche, gemütliche Reise. Es ist sehr viel vernünftiger, sich Zeit für die Reise zu nehmen, sich an der Landschaft unterwegs zu freuen. Wenn wir dann aus irgendeinem Grund nicht nach B gelangen, haben wir doch wenigstens die Fahrt genossen. Vermutlich werden wir aber B erreichen, und das wird umso schöner sein, als die Fahrt dorthin uns schon Freude gemacht hat. Jede mühsame Arbeit hat eine schöne, beglückende Seite. Wenn mir eine Kleinigkeit gelingt, so erfüllt mich das mit Freude, mit Zufriedenheit. Darum lebe ich auch in und an der Arbeit, nicht erst nach Feierabend, nicht erst nach der Pensionierung.

Der Weg ist das Ziel. Eine 37jährige Krebskranke bekannte mir: *«Seit mein Tod ganz nah vor mir steht, lebe ich nochmals ganz anders. Jetzt kommt es vor, dass ich auf der gewöhnlichen, alltäglichen Einkaufstour stehen bleibe und zum erstenmal eine uralte, prächtige Holztüre bewundere. Schon hundertmal bin ich an diesem Haus vorbeigehetzt. Erst jetzt fällt mir die Kostbarkeit, die Einmaligkeit, die kunstvolle Handarbeit auf. Erst jetzt bleibe ich bewusst stehen, gucke ich staunend und ergriffen. Das sehr nahe Ende hat mir die Augen geöffnet, nochmals ganz anders, als ich es gewohnt war.»*

Wanderer haben unterschiedliche Schrittmasse. Mein Partner hat nicht meine Schrittlänge. Die Eltern, die Kinder, die Nachbarn, die Mitarbeiter auch nicht. Jeder Wanderer sucht sein Tempo. Dieses verändert sich immer wieder, je nach Landschaft, je nach Lebensumständen. Mein Tempo gilt für mich. Meine Mitmenschen müssen nicht mein Tempo übernehmen. Sie haben ihren Rhythmus, ihre Meinungen, ihre Ansichten. Mein Weg gilt für mich. Meinen Weg kennt kein anderer Mensch. Die andern haben ihren Weg, ihre Lebensprozesse, ihre Wegprobleme. Die andern müssen nicht meinen Weg übernehmen.

Originale ertragen die Originalität anderer Menschen. Ich mag dich so, wie du bist. Du nimmst mich so, wie ich bin. Nimm dich nicht von mir. Ich brauche dich so, wie du bist. Andere brauchen mich so, wie ich bin. Sie brauchen meine Fröhlichkeit, meine Spontaneität, Langsamkeit, Ängste, Explosionen, Nacht- und Wachträume. Sie brauchen meine übermütigen Entscheide, übermächtigen Gefühle, seltsamen Gedanken. Ich brauche deine Fröhlichkeit, Spontaneität, Langsamkeit, Ängste, Explosionen, Tag- und Nachtträume. Ich brauche deine übermütigen Entscheide, deine übermächtigen Gefühle, deine seltsamen Gedanken. Für unsere Beziehung sind wir zwei Originale. Beide sind gleich wichtig.

Das Labyrinth ist ein uraltes Symbol für den Weg meines Lebens, für meinen Weg zur Mitte, für meinen Weg zur Selbstfindung, für meinen Weg zu Gott. Das Labyrinth bringt viele Kurven, sogar vollständige Kehrtwendungen, also Andersdenken und Umdenken. Der Weg ist nie schön kontinuierlich, wie eine Spirale. Nein, einmal ist er in der Mitte, also nahe am Ziel, handkehrum schlägt es mich Wandernden wieder ganz an den Labyrinth-Rand, also vollständig weg vom Ziel. Tricks sind nicht möglich. Es gibt keine Abkürzungen. Ich kann nichts auslassen, nichts überspringen. Ich muss alles ablaufen, auch mühsame Strecken, Stolpersteine, Pfützen. Rasch und billig ist hier nichts zu haben. Aber eine tragende Hoffnung macht Mut. Mein Leben ist nicht sinnloses Chaos. Mein Leben ist auch nicht blindwütendes, sinnloses Schicksal. Und es ist schon gar nicht kurzatmige, oberflächliche, sinnlose Schaumschlägerei. Mein Leben hat eine Mitte, ein Zentrum. Das Symbol Labyrinth will Hoffnung geben, will Mut machen, will Resignation bekämpfen. Gib nicht auf! Es gibt ein Ziel, das es wert ist, mein Leben lang dorthin unterwegs zu sein.

Wer resigniert, kommt nicht ans Ziel. Wer sich hinsetzt, verliert den Horizont. Wer nichts wagt, gewinnt nichts. – «Einen Weg gibt es nicht, der Weg entsteht im Gehen», meint ein spanisches Sprichwort. Also: Wer sich aufmacht, findet seinen Weg. Wer etwas wagt, gewinnt etwas. Wer sucht, der findet. Wer geht, kommt vorwärts. Wer in Bewegung bleibt, wächst nie fest.

Ich bin ich

Wahrer Beruf für jeden Menschen ist nur das eine:
zu sich selbst kommen. (Hermann Hesse)

Kraft

Die Reise, die uns herausfordert, gibt uns auch Energie. (Ulrich Schaffer)

Zu schnell

Der Weg zur Ewigkeit ist gar nicht so sehr weit; um neun Uhr bin ich fort, um elf Uhr war ich dort. (Alte Grabinschrift)

Ich

Wer zu sich selbst Nein sagt, kann zu Gott nicht Ja sagen.
(Hermann Hesse)

Schwer

Die unbequemste Art des Fortbewegens ist das In-sich-gehen.
(Karl Rahner)

Ruhe in mir

Ich staune, wie frei du von mir bist, während ich manchmal an dir klebe und mich abhängig von dir mache.
Ich staune, dass du auch ohne mich glücklich sein kannst, weil du reich in dir selbst bist.
Dann erinnere ich mich, dass ich immer dann am frohesten mit dir war, wenn ich in mir ruhte. (Ulrich Schaffer)

Andere

Geh deinen Weg und lass die Leute reden! (Dante)

Lebenswegweiser

- Geh Deinen Weg, lass Dich durch Hasten nicht beirren.
- Denk an den Frieden, der Dir aus Schweigen und Stille erblüht.
- Sprich Deine Wahrheit ruhig und klar.
- Lass auch den andern zu Worte kommen und höre ihm zu.
- Freu Dich an allem, was Du vollendest.
- Freu Dich auf alles, was Du noch planst.
- Trachte, Dich weiterzubilden, weiterzukommen, und sei es nur einen Schritt.
- Bleibe Dich selbst! Täusche nichts vor!
- Sieh zu, dass Dein Geist stark werde und wachse, so kann er Dir Schutz und Schirm sein, wenn ein Unglück hereinbricht.
- Lass Dich nicht ängstigen durch selbsterfundene Sorgen.
- Bei aller Zucht, die Du Dir auferlegst, sei doch auch gut zu Dir selbst!
- Auch Du bist ein Kind des Weltalls, so wie der Baum, der Stern.
- Halte Frieden mit Deiner Seele.
  (Gasworth Hall Chapel)

Ich vertraue mir

Harro Betzold schrieb ein modernes Märchen «Annes Baum»:
Es war einmal ein armes, kleines Mädchen. Das Mädchen hatte beide Eltern verloren und stand nun ganz allein in der Welt. Es wusste nicht, wohin. Es ging einfach los und kam in einen grossen Wald. Es lief und lief, aber es fand nicht mehr aus dem Wald heraus. Als es dunkel wurde, setzte es sich unter einen mächtigen, alten Baum, der seine Zweige schützend über es hielt. Bald schlief es ein. Gegen Mitternacht wurde es ganz still im Wald. Kein Blatt bewegte sich, kein Tier rührte sich von der Stelle. Der alte Baum begann zu flüstern: «Hör mir zu, kleines Mädchen! Es steht gut um dich. Drei wertvolle Gaben hast du bekommen; sie sind in dir verborgen, niemand kann sie dir wegnehmen. Du hast ein gutes Herz, ein frohes Gemüt und einen starken Glauben. Mit diesen drei Gaben wirst du durch die Welt kommen. – Morgen wirst du am Rande des Waldes ein Häuschen finden. Man wird dich dort aufnehmen. – Hast du einmal Kummer und weisst nicht mehr, wie es weitergehen soll, dann komm zu mir und ruhe dich unter meinen Zweigen aus.» So flüsterte der alte Baum.

Jeder Mensch steht einmal ganz alleine da. Jeder verliert andere Menschen. Jeder verliert seine Eltern. Jeder Mensch weiss immer wieder nicht, wohin er gehen soll. Jeder erlebt Verlassenheit, Einsamkeit, Verzweiflung, Angst, Hoffnungslosigkeit. Jeder Mensch kennt den grossen Wald. Plötzlich ist der Ausgang unauffindbar. Dornen zerreissen Kleider. Wurzeln lassen uns stolpern. Wir laufen noch intensiver. Stumpfsinniger Leerlauf. Termine um Termine. Volle Agenden. Hetze, Stress, Überaktivität.

Jeder Mensch kennt die Dunkelheit. Finsternis bedrückt, macht Angst. Jetzt ist das Weiterlaufen und Weiterhetzen sinnlos. Kein Mensch weit und breit. Kein Schutz. Kein Dach. Einfach ausgeliefert, hilflos, ausgebrannt. Jeder Mensch sucht und findet seinen alten, ihn schützenden Baum. Wie gut: Da ist also doch noch eine lebendige Stimme. Ruhe stellt sich ein. Urvertrauen. Wohltuende Stille. Die Augen fallen zu. Das Bewusstsein schwindet. Tiefer Schlaf folgt. Im Alten Testament hört der Prophet gerade in der Stille Gottes flüsternde Stimme. Sie macht Mut. Sie stärkt. Sie bringt Hoffnung. Nicht für die nächsten zehn Lebensjahre. Aber für den folgenden Tag. Das genügt.

Nicht Gold macht Mut. Nicht Besitz, nicht gewaltige Geschenke, keine Zauberflöte, kein Wunderspruch. Keine Fee, keine Hexe verändert die Situation. – Was ist es denn? Nichts Fremdes, sondern bereits Vorhandenes. Die drei Wunderkräfte, die drei Talente sind in uns drin. Sie müssen nur entfaltet, eingesetzt, entwickelt werden: das gute Herz, das frohe Gemüt, der starke Glaube. Es kann gar nicht markant schief gehen, nicht total hoffnungslos abwärts. Sicher wird wieder einmal ein Kummer kommen. Ist doch klar. Aber dann verspricht die geheimnisvolle Stimme in der Stille weitere Stärkung: «Wenn du, Mensch, nicht mehr weisst, wie es weitergehen soll, dann komm zu mir und ruhe dich aus!»

Am andern Morgen stand das Mädchen auf, ging aus dem Wald heraus und fand das Häuschen. Vor dem Haus war ein kräftiger Junge gerade damit beschäftigt, Holz aufzuschichten. Als er das Mädchen sah, fragte er: «Wer bist du? Und wo willst du hin?» Das Mädchen sagte: «Ich habe niemanden auf der Welt und weiss nicht, wo ich hin soll. Ich heisse Anne.» «Ich heisse Gregor», sagte der Junge. «Bei uns gibt es immer viel Arbeit im Wald und auf dem Feld; du könntest uns vielleicht helfen. Komm, wir fragen meine Mutter, ob du hierbleiben kannst!» So kam es, dass Anne in dem Häuschen am Waldrand blieb.

Jetzt bekommen die Menschen Namen. Sie sind nicht mehr auswechselbar. Anne ist ein eigenständiger Mensch. Anne ist einmalig, unverwechselbar. Der fremde Gregor stellt die zwei zentralen Lebensfragen: «Wer bist du? Wo willst du hin?» Immer wieder zwingen uns Unbekannte mit scheinbar harmlosen Fragen zu Standortbestimmungen und zur Selbstbesinnung: «Wer bin ich? Wo will ich hin?»

Da Anne klein und schmächtig war, war sie keine grosse Hilfe bei der schweren Feldarbeit. Einmal seufzte Gregors Vater: «Die Arbeit wird nicht weniger, dafür aber das Geld im Beutel, denn am Tisch sitzt eine Hungrige mehr.» Er sagte es leise vor sich hin, doch Anne hatte es gehört und wurde darüber sehr traurig. Sie erinnerte sich an den mächtigen alten Baum, ging heimlich zu ihm und sagte: «Wäre ich doch gross und kräftig, dann könte ich den Leuten, die mich aufgenommen haben, wenigstens etwas nützen!» – «Gross und kräftig musst du nicht sein», flüsterte der Baum, «du bist mehr als das. Leg dich auf meine Wurzeln und horche in dich hinein!» Als Anne in das Häuschen zurückkehrte, erschrak sie. Da lag der Vater auf seinem Bett, stöhnte und schlug um sich. Er wurde von einem heftigen Fieber geschüttelt. Anne lief und sammelte Kräuter, braute einen heilenden Trank und pflegte den Fiebernden. Nächtelang sass sie an seinem Lager und kümmerte sich um ihn, bis er gesund war. Der Vater sagte zu ihr: «Anne, du hast ein gutes Herz! Damit hast du mich ins Leben zurückgebracht; Mutter und Gregor hast du davor bewahrt, dass sie den Bettelstab nehmen müssen. Es ist unser Glück, dass du zu uns gekommen bist!»

Schon kommt die neue Lebenskrise. Jeder Mensch möchte gross, kräftig, nützlich sein. Aber es gibt Situationen, da helfen alle drei Eigenschaften nicht. «Horche in dich hinein», empfiehlt die Stimme in der Stille. «Gross und kräftig musst du nicht sein. Du bist mehr als das!» Das hilflose, kraftlose Kind hilft und kräftigt den starken Mann. Enorm kühn ist diese Behauptung, dieses Selbstvertrauen, dieses Gottvertrauen. Die Praxis bestätigt es: Kenntnisse über den Kräutertee helfen dem Kranken, nicht Berühmtheit, nicht Muskeln. Und die Liebe ist es, die den Vater gesund macht, die nächtelang ausharrende Treue.

Einige Zeit später kam ein Tag, an dem es so dunkel war wie in der Nacht. Ein Gewitter zog auf. Es tobte viele Stunden – da traf ein Blitz das Häuschen am Waldrand, und im Nu stand es in hellen Flammen. Gregor und seine Eltern setzten sich auf einen Stein, und es sah aus, als wären sie selber zu Stein geworden, so traurig waren sie. Anne ging zu ihrem alten Baum. «Ach, wäre ich doch reich wie ein Fürst», sagte sie, «ich schenkte ihnen ein neues Haus!» «Es ist nicht nötig, viel Geld zu haben», flüsterte der Baum nach einer Weile, «du hast mehr. Leg dich auf meine Wurzeln und horche in dich hinein!» Anne lag lange unter ihrem Baum, dann ging sie zurück. Sie begann, aus dem Schutt Balken und Ziegel herauszuziehen, die das Feuer nicht zerstört hatte – und sie sang dabei. Da fiel von den dreien die Traurigkeit ab. Sie sprangen auf, machten sich an die Arbeit, und gemeinsam bauten sie ihr Häuschen wieder auf.

Jeder Mensch erlebt Zusammenbrüche, Einbrüche, Abbrüche oder sicher Risse in seinem wohlgebauten Lebenshaus. Erstarrt, vom Blitz getroffen, versteinert, bewegungslos, gelähmt, geschockt sitzen wir da. Vor uns ein Trümmerhaufen. Alles kaputt. Alles verloren. Die mühsam aufgebaute Existenz dahin. «Horche in dich hinein! Besinn dich auf deine Wurzeln und Energien.» So sagt Gottes Stimme im Menschen. «Es ist nicht nötig, im Leben viel Geld zu haben. Du besitzest mehr als ein Fürst!» Diesmal hilft Mut zum Neuanfang, Hoffnung in der Hoffnungslosigkeit, Courage statt Resignation, Aufstehen statt Sitzenbleiben. Die Katastrophe hat gar nicht alles zerstört. In jedem Schutt findet sich noch Brauchbares. Ein Mensch packt entschlossen frisch an. Und er singt dazu. Das steckt an. Alte und Junge. Lähmungen, Traurigkeiten, Erstarrungen fallen ab. Das Haus ersteht neu. Vielleicht sogar besser, komfortabler, solider, sturmsicherer, mit Blitzableiter?

Jahre gingen ins Land. Anne war ein schönes Mädchen geworden, und Gregor gewann sie lieb. Eines Morgens sagte er: «Ich steige auf den Berg, um Blumen für den Brautstrauss zu holen. Dort oben wachsen ganz besondere Blumen, die will ich dir schenken!» Als Gregor am dritten Tag noch immer nicht zurück war, hielt Anne es nicht mehr aus. Sie rannte zu ihrem Baum. «Guter Baum», sagte sie, «dies eine Mal bitte ich dich um alles, was in deiner Macht steht. Gib mir Flügel, dass ich wie ein Vogel vom Himmel herunter das weite Land überschauen kann! Ich muss meinen Geliebten finden!» – «Du brauchst keine Flügel», sagte

der Baum, «du brauchst auch nicht meine Macht. In dir ist ein starker Glaube, dass du den finden wirst, den deine Seele liebt. Damit mache dich auf den Weg.» Und Anne wusste, dass sie nicht aufgeben würde, bis sie ihn gefunden hatte, ihn, den sie liebte. In einer Schlucht fand sie ihn schliesslich. So schnell es ging, flocht sie ein Seil aus Schlingpflanzen und holte ihn aus der gefährlichen Schlucht herauf. Sie schlossen sich in die Arme und waren glücklich.

Jeder Mensch verliebt sich. Und er wird unrealistisch, hebt ab, will das Ver-rückteste, will fliegen, also den Boden verlassen. Zum Glück redet die innere Stimme nüchtern, sachlich: «Du brauchst keine Flügel. Dein starker Glaube ist bereits in dir. Das genügt. Damit findest du deinen Weg. Amen!»

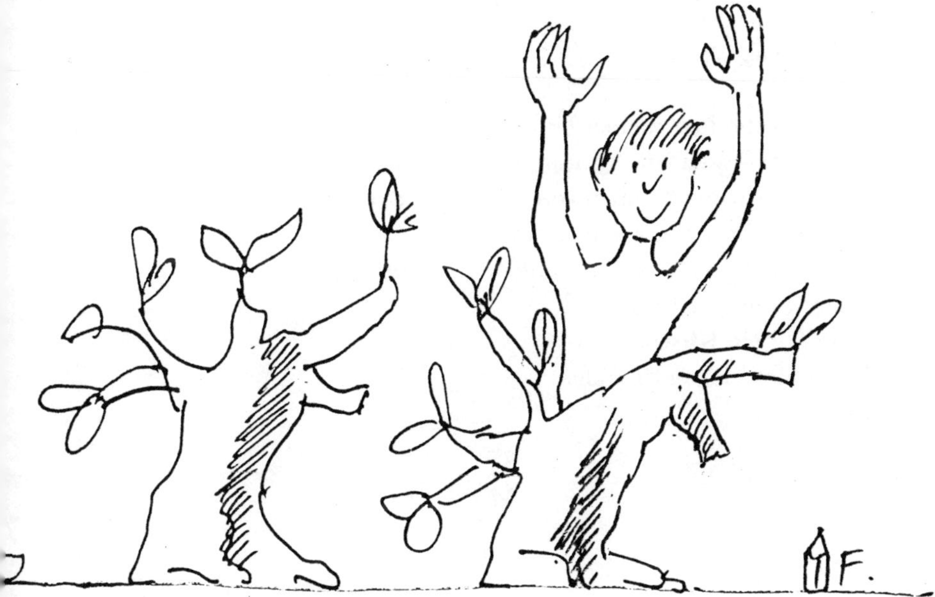

Vertrauen

Irgendwo in einem Krankenhaus lag ein kleiner Junge, der operiert werden sollte. Der Vater hatte ihn ins Krankenhaus gebracht und suchte nun dem Kleinen Mut zu machen. «Vater», sagte der Junge, «ich habe gar keine Angst, wenn du bei mir bleibst.» Da sagte der Vater: «Gut, ich bleibe bei dir.» Der Arzt erlaubte es, und so setzte sich der Vater neben sein Kind, das nun auf dem Operationstisch lag. Als der Junge betäubt werden sollte, sah er nochmals den Vater an und sagte: «Vater, bist du da?» Dann begann die Narkose zu wirken.
«Nun können Sie gehen», meinte der Arzt, als der Kleine eingeschlummert war und die Operation beginnen sollte. «Nein», antwortete der Vater, «ich habe meinem Jungen versprochen, bei ihm zu bleiben, und so möchte ich auch bleiben.» «Gut, dann bleiben Sie!» Die Operation gelang. Als der Junge aus der Narkose erwachte, hielt der Vater immer noch seine Hand. Da lächelte der Junge und sagte ganz leise: «Vater, du bist da?» und schlief wieder ein. Er wusste, sein Vater blieb bei ihm.

♡

Ein Idol klagt

Ich bin das Produkt meiner Umwelt.
Ich bin das, was andere aus mir gemacht haben.
Ich bin das Image, das man von mir aufgebaut hat.
Ich weiss nicht mehr, wie ich war.
Ich weiss nicht mehr, wer ich eigentlich heute bin.
Ich kenne mich nicht mehr.
Ich bin nur ein Klischee.
Ich bin mir selbst entfremdet.
(Interview)

Ich lebe mit allen Sinnen

Bewusst leben, sinn-voll leben heisst mit allen fünf Sinnen leben. Es ist ein Dauer-Training, solange ich atme und voll da bin.

Haut-Sinn: Meine Haut ist mein wichtigstes Sinnesorgan. Auch in der Liebe. Ich kann ohne Augen, ohne Gehör, ohne den Geschmack leben. Aber nicht ohne Haut.

Das Neugeborene will seine Mutter spüren, die Mutter das Neugeborene. Und der Vater alle beide. Das geht ohne Worte, mit Berühren, Streicheln, Tränen, An-sich-Drücken, Hautkontakten. Auch der schwerkranke, der sterbende Mensch braucht die Haut. Das Essen, das Hören und vor allem das Reden gehen nicht mehr gut. Aber Hautkontakte sind möglich, Zartheiten, die Hand- und Fingersprache, also die nonverbale Kommunikation. Und zwischen Geburt und Tod ist es genau gleich: Jeder Mensch braucht in jedem Lebensalter Berührung, das Berührt-Sein, das Spüren des Angenommen- und Verstandenseins, also Erlebnisse mit dem Tastsinn.

Wir Menschen besitzen etwa zwei Millionen Nervenzellen. Das sind Druck-, Wärme-, Kälte- und Schmerzpunkte. Hochsensible Meldezellen, winzigste Eingangs-Törchen nehmen alle Reize auf und leiten sie telefonmässig ins Nervenzentrum. Besonders Frischverliebte können nicht genug Hautsignale senden und empfangen. Fussballer umarmen sich überglücklich, wenn sie das langersehnte, hart erkämpfte Tor geschossen haben. Sportler reden mit ihrem Körper, ungeniert, unkompliziert, spontan. Auch Südländer, Welsche zeigen ihre Emotionen, also Freude, Begeisterung, Trauer und Wut meistens bedeutend körperbetonter als die distanzierten, schwerberührbaren alemannischen Typen in der Deutschschweiz und der BRD.

Sicher, es gibt auch lästige, ärgerliche Berührungen. Es gibt zuviel und deshalb unangenehme Nähe. Das ist schade! Offene Gespräche, deutliche Worte und Grenzziehungen müssen klären. Rücksichtslose, überstürzte, grobe Zärtlichkeiten sind kein Genuss, sondern Verletzung. Das Geniessen ist nämlich lebenswichtig: Denn wer nicht mehr geniessen kann, wird selber bald ungeniessbar!

Gehör-Sinn: Ein sinnlicher Hörer hört Zwischentöne, Sprach-Melodien, Ton-Schwankungen, Betonungen, mitschwingende Herzstimmungen. Ein leidender Mensch redet nicht mehr im Brustton eines Festredners. Ein Liebender brüllt nicht wie ein Löwe, wenn er innerste Regungen preisgibt: «Ich liebe dich! Ich mag dich!»

Zuhören ist mitfühlen. Jeder Erzähler empfindet es als Wohltat, wenn er spürt, dass ein anderer Mensch intensiv und 100%ig zuhört, also die Zeitung weglegt, den Fernseher abstellt und voll da ist. Solch «aktives Zuhören» mit konkreten, mit fühlenden Nachfragen erleichtert, erfreut, beflügelt das Mit-Teilen. Spontan überraschte ich einmal eine erzählende Frau nach einer halben Therapie-Stunde: «Jetzt tönt Ihre Stimme aber ganz anders als am Anfang unseres Gespräches.» Prompt überraschte sie nun mich: «Ja, jetzt habe ich auch das Bedrückendste endlich einmal ausgesprochen!»

Musik ist Balsam für den Gehör-Sinn. Musik kann berühren, nicht nur das Gehör, auch die Haut, die Seele, das Aller-Innerste. Überfütterung ist möglich, wie beim Magen. Gewisse Töne sind dann, wie der Lärm, schmerzvoll und unangenehm.

Das richtige Wort im richtigen Moment ist wichtig unter den Menschen. Besonders in der Liebe. Auch in alten, langjährigen Beziehungen. Richtig zuhören und richtig reden lernen wir ein ganzes Leben lang. Immer wieder machen wir Fehler, unterbrechen wir, lähmen wir mit vorgefassten Meinungen, Schnell-Entgegnungen oder gar mit Rat-Schlägen (!).

Ausgerechnet bei zentral-persönlichen Themen sind wir Menschen sprachlos. Viele Bedürfnisse, viele Wünsche, viele Träume, viele (erotisch-sexuelle) Fantasien werden nie ausgesprochen. Und darum nie gehört. Das ist schade! Es verunmöglicht genussvolles Leben. Denn wer nicht mehr Neues geniessen kann, wird selber bald ungeniessbar!

Geruch-Sinn: Traue ich meiner Nase? Seit ich lebe, ist sie auf Empfang eingestellt. Sie sammelt wohltuende, unangenehme und gefährliche Gerüche. Die guten Düfte wecken angenehme, lustvolle Erinnerungen. Viele Gerüche markieren meinen Lebensweg. Die trainierte Nase ist oftmals ein ausgezeichnetes Gedächtnis. Gewisse Düfte wecken sofort uralte, längstvergessene Erinnerungen.

Wir kennen den Duft einer Rose, des Flieders, den Duft von frischgebackenem Brot, den Duft des Wetters. Kennen wir auch die Düfte unserer Mitmenschen? Wir (ver-)urteilen doch ziemlich schnell: Ich mag die oder den nicht riechen! So wie ein Hund eine Fährte schnuppert, so wittert unsere geübte Nase das Klima, die Atmosphäre eines einzelnen Menschen oder einer ganzen Menschen-Gruppe.

Gerüche haben auch mit Liebe und Sexualität zu tun. Eine gewaltige Industrie macht Riesengeschäfte: Parfüms, Duschmittel, Shampoos, Seifen, Räucherstäbli, Kerzen, Atem- und Intimsprays, Deodorants und Feuchttüchlein. Die meisten künstlichen (teuren) Düfte stören, wirken aggressiv, aufdringlich, penetrant. Offene Gespräche können auch da eine wichtige Beziehung bereichern. Denn gewisse Gerüche sind tatsächlich angenehm, stimulieren mein sinnliches Leben. Und das ist gut so! Denn wer nicht mehr geniessen kann, wird bald ungeniessbar!

Geschmack-Sinn: Wenn ich das Nationalgericht irgendeines Landes esse, dann erfahre ich etwas über die Kultur, das Charakteristische jener Menschen. Schon Eva und Adam entdeckten beim verbotenen Apfelessen Unbekanntes, Neues, Unerwartetes. Spüre ich, was ich zwischen den Zähnen zerkleinere? Geniesse ich Feinheiten, Überraschungen, Exquisites, Reizvolles, Lustvolles? Kaue ich ganz bewusst ein «gewöhnliches» Stück Brot? Freut mich ein wunderbares Büffet? Kann ich mit den Augen essen? Ist die Verpflegung mehr als nur Nahrungsaufnahme? Das Essen hat mit Liebe zu tun. Verliebte essen stundenlang. Geliebte werden mit Festmenüs, mit Lieblingsspeisen überrascht. Zu wichtigen Feierlichkeiten und Lebensübergängen gehört ein kostbares Essen.

In gewissen Ausdrücken zeigt es sich, wie der Geschmack-Sinn mit den Beziehungen zusammenhängt: Ich habe jemanden «zum Fressen gern». Nach gewissen Gesprächen bleibt ein «bitterer Nachgeschmack» zurück. Schwere, drückende Worte und Gedanken «stossen auf». Wenn mich gewisse Menschen stören, mich diese verletzt haben, kann ich nicht mit ihnen gemeinsam essen, nicht einmal gemeinsam einen harmlosen Kaffee trinken. Wir Menschen schmecken nicht nur Getränke und Nahrungsmittel, sondern auch Menschen. Beim guten Essen und beim intensiven Küssen vermehrt sich der Speichel im Mund. So, wie jemand isst, so geniesst er auch die Liebe. Nur zufriedene, ausgeglichene Menschen können genussvoll essen, sind Gourmets. Wer eine Riesenwut im Bauch spürt, kann nicht lust-voll kulinarische Köstlichkeiten verspeisen. Ärger und Verstimmungen vertreiben den Appetit. Das ist schade! Denn wer nicht mehr geniessen kann, wird selber bald ungeniessbar!

Gesichts-Sinn: Die Augen sind die Fenster zur Seele. Sie übermitteln unsern Gefühlen wichtige Informationen. Ohne Worte lässt sich an einem Gesicht ablesen, ob Freude, Ekel, Interesse, Staunen, Wut oder Überraschung diesen Menschen erfüllen. Wer Gesichter «lesen» kann, «hört» die Seele dieser Leute.

Augen lügen nicht. Ein Gesichtsausdruck lässt sich nicht verstellen, manipulieren. Die Körpersprache ist immer echt. Worte können lügen, intrigieren, vertuschen, übertünchen, verdrängen, verstellen, verdrehen. Der Körper nicht. Das Gesicht nicht. Hände reden Bände. Sie erzählen Geschichten, zeigen Ängste, werden feucht, zittern, sind unruhig. Der Gang, die Körperhaltung, das Sitzen, Gesprächs-Gesten zeigen Charakterzüge. Geht der Mensch traurig, bedrückt, verärgert, gehetzt, freudig, gemütlich, verwirrt? Sogar das Klopfen an eine Türe, das Zuschliessen oder Zuschmettern dieser Türe «sprechen» vom Innenleben. Schliesslich: Kleider machen Leute. Farben, Schnitt, Eleganz, Sportlichkeit, Schlampigkeit, Auffälligkeit, Show-Effekte. Zusammenstellungen und Schmuck «reden».

All diese Meldungen registrieren unsere Augen. Sie passen auf, lauern, beobachten, kontrollieren, registrieren. Sie bereichern unser Leben. Sie bewahren uns vor Oberflächlichkeit. Es ist ein wunderbarer Genuss, einem verträumt spielenden Kind zuzusehen, einem zufriedenen, lebenssatten Menschen ins Gesicht zu sehen. Solche Augen-Erlebnisse beglücken uns. Und das ist sinn-voll, bereichernd, unbezahlbar! Trainieren wir es! Geniessen wir es! Denn wer nicht mehr geniessen kann, wird selber bald ungeniessbar!

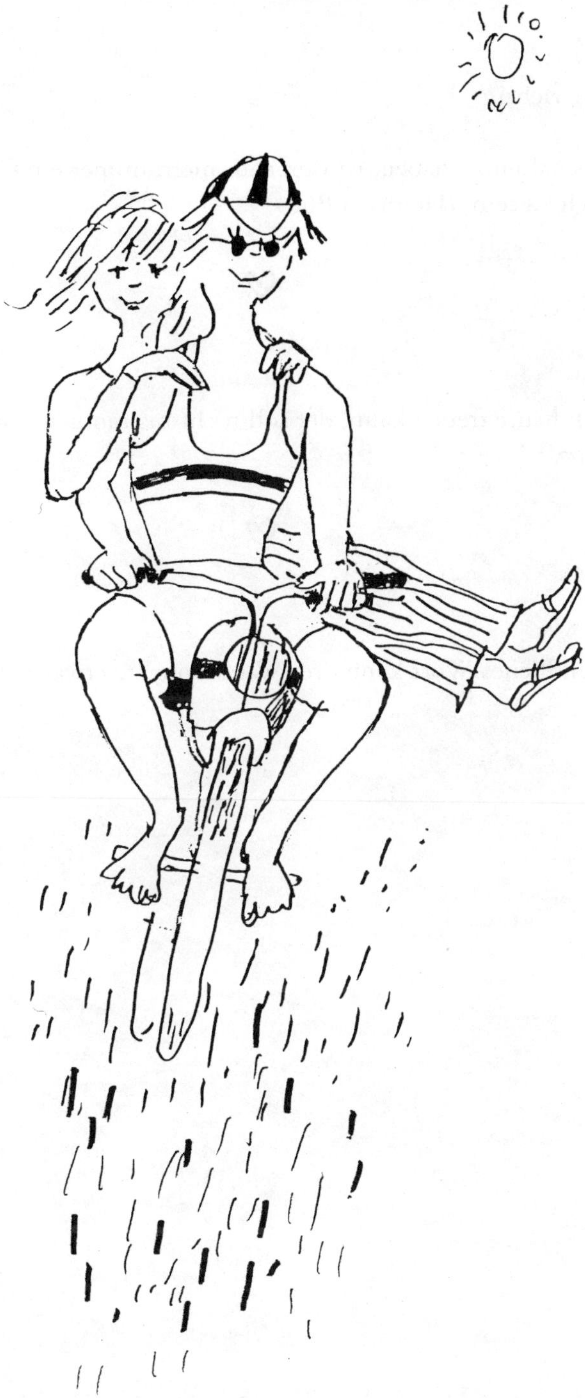

Ich liege richtig

Recht behalten zu haben, ist durchaus nicht immer ein Grund, glücklich zu sein. (Heinrich Böll)

Heute

Wer sich heute freuen kann, der soll nicht bis morgen warten. (Pestalozzi)

Wärme

Ein freundliches Wort kann drei Wintermonate erwärmen. (Japan)

Ich lebe zärtlich

Im Hauptbahnhof wartete eine etwa 18jährige Tochter auf ihre Mutter. Mit einer grossen, schweren Tasche tauchte diese im Menschengewühl auf. Spontan wollte die Tochter ihre Mutter umarmen und ihr einen Kuss auf die Wange drücken. Doch die Mutter verzog ihr Gesicht. Demonstrativ drehte sie den Kopf zur Seite. Sehr deutlich zeigte sie so ihre Abneigung gegen Zärtlichkeit und zu grosse Nähe. Ich wollte an den beiden vorbeigehen. Da hörte ich die Vorwürfe der Mutter: «Deine Frisur sieht gar nicht gut aus!» Jetzt explodierte die Tochter: «Ist das wirklich das Allererste, was du mir zu sagen hast, wenn wir uns wieder einmal sehen? Musst du immer zuerst reklamieren und kritisieren?»

Warum lehnt diese Mutter die spontane Zärtlichkeit ab? Gibt es immer noch Eltern, die ihre Kinder nicht ganz natürlich umarmen können? Warum schätzt die Mutter den freudigen Begrüssungskuss nicht? Warum kann sie die Wiedersehensfreude nicht zeigen?

Genau wie mein Vater, zuckte es mir durch den Kopf. Er lag, nach einem Hirnschlag mit 79 Jahren, noch zehn Tage bewusstlos im Spital. In dieser stillen und letzten Zweisamkeit wurde mir bewusst, dass er mir nie einen Kuss gegeben hatte. Ich durfte nie auf seinen Knien sitzen. Er spielte niemals am Boden mit mir. Sein Kind berühren, sein einziges Kind streicheln, war ihm fremd. Ich denke, die Generationen vor uns waren sehr zurückhaltend, übervorsichtig, ja sogar ängstlich gegenüber zuviel Nähe, gegen spontane Körperlichkeit.

So klagte mir einmal ein Deutschschweizer treuherzig: Die Verwandtschaft seiner Frau stamme ganz aus der Welschschweiz. Das sei für ihn das grösste Problem gewesen. Immer nach der Verabschiederei stürze er noch heute ins Badezimmer, um sich das Gesicht zu waschen. – Viele Männer taxieren nicht-sexuelle Körperkontakte immer noch als unmännliche Rückkehr in die kindliche Abhängigkeit von der Mutter.

Dafür muss dann das Haut-Ich mit anderem Ersatz gepflegt werden. Einseifen, eincremen, duschen, erogene Zonen streicheln wird wichtig. Eine mächtige Industrie mit Döschen, Säften, Sprays, Salben und Düften hat sich breitgemacht. Jedes Warenhaus glänzt mit seiner grellen Körperhygiene-Abteilung. Body-Shops schiessen aus dem Boden. Jede Drogerie präsentiert Sondergestelle und Privatberatung. Werbefachleute wissen, dass bei der täglichen Körperpflege nicht die Seife, sondern das Streicheln, Reizen und Prickeln dringend benötigt wird. Unter dem Vorwand der Schönheitspflege und Hygiene lassen sich Frauen und Männer einiges ausgleichen, was ihnen sonst an Zuwendung und Zärtlichkeit fehlt.

Bei der harmlosen Begebenheit im Bahnhof ärgert mich auch das Nörgeln der Mutter. Muss sie wirklich schon in der ersten Begegnungsminute kritisieren und meckern? Muss sie zuerst sagen, was ihr nicht gefällt? Wäre es nicht angebracht, beim Wiedersehn etwas Freundliches zu äussern? Zuerst ein Liebeszeichen, ein Dank, eine Freude, ein Lob, eine Aufmunterung, ein Mutmachen, ein Lächeln?

Je älter gewisse Menschen werden, um so spärlicher pflegen sie leider Hautkontakte und Berührungen. Spätestens ab der Lebensmitte spazieren viele Paare getrennt, verzichten viele sogar auf das allerintimste Beisammensein. Warum auch? Genau das Gegenteil wäre doch zu wünschen. Im Grunde genommen hungern und lechzen wir alle nach Zärtlichkeiten, nach Zartsein, nach Liebe, nach Angenommensein im allerweitesten Sinn. Täglich trauern Tausende, weil sie keine Freunde haben, weil sie übergangen und vergessen werden, weil niemand da ist. Täglich sterben Tausende den innern Tod, weil sie nicht mehr lachen, nicht mehr geniessen, nicht mehr fröhlich sein können. Täglich verzweifeln Tausende, weil ihnen niemand die Hand gibt, niemand ein gutes Wort sagt.

In einem Brief einer Grossmutter an ihre Enkelin steht wörtlich: *«Als ich Kind war, gab es für mich keine Zärtlichkeit. Da gab es nur Notwendigkeiten. Das Leben der kleinen Leute war hart, und wir waren kleine Leute.*

Zärtlichkeit war Zeitverschwendung, war auch Sünde. Mit 16 Jahren einen jungen Mann zu kennen, euren Grossvater, ihm zu erlauben, meine Hand zu halten, das hiess schon, kein sehr anständiges Mädchen zu sein. Nie habe ich ganz meinem Gefühl nachgelebt, habe eurem Grossvater nur erlaubt, mich zu streicheln und zu küssen, wenn es dunkel war, in unserer engen Schlafstube. Jetzt sind die Pflichten vorbei, doch die Träume sind geblieben. Ich träume bei Tag und bei Nacht. Ich träume von der Nähe eines lieben Menschen, von Wärme und weicher Haut, von Liebe und Zärtlichkeit. Es sind dieselben Träume, die ich als 20jährige hatte. Es ist dieselbe Sehnsucht, die ich immer unterdrückt habe, ein Leben lang, von der nicht einmal euer Grossvater gewusst hat. Ich bin müde. Das Schreiben im Bett strengt an. Ihr werdet mich auslachen, wenn ihr das lest. Darf man so etwas aussprechen? Ich wäre sehr glücklich, wenn einer von euch öfter meine Hand in die seine nähme, liebevoll und warm, doch ich kann es euch nicht sagen.»

Meine Mutter war im Alter zuckerkrank, und deswegen stürzte sie mehrmals recht ungeschickt. Als ich sie wieder einmal mit einem eingebundenen Arm antraf, meinte ich schmunzelnd zum Vater: «Du solltest Mama halt intensiver am Arm führen, dann würde sie weniger umfallen.» «Nein, nein», kam seine schnelle Antwort, «die ist jetzt alt genug, die muss ich nicht mehr führen!» – Schade, dachte ich traurig. Es ging ja um mehr, ums Berühren, ums Zartsein, ums Liebespüren, ums sichtbare Miteinandergehen, um gezeigte Zweisamkeit. Genau dies hätte meine Mutter sehnlichst gewünscht. Ich weiss es.

Nur langsam verschwindet diese überängstliche, übertriebene Beziehungskälte. Früher wurden Neugeborene erst einmal vom Arzt abgenabelt, gewaschen, gemessen, gewogen. Dann durfte die junge Mutter endlich ihr frisches, saubergewickeltes Kindchen in die Arme nehmen. Der Vater stand vielleicht dabei. Hygiene war wichtiger als Liebe. – Heute ist das Neugeborene noch gar nicht abgenabelt, da hält es die Mutter bereits. Das Kleine darf seine Mutter spüren, ihre Hände, ihren Atem, ihr erlöstes Lächeln. Und die erschöpfte Mutter soll das Kindlein fühlen, seine Händchen, seine Haut, seine ersten Atemzüge. Denn die Liebe geht durch die Haut. Der Vater hat massiert, mitgeholfen, trennt die Nabelschnur durch, weint ergriffen, glücklich, vom Wunder überwältigt. «Wie schön ist das heute», bekannte mir ein Gynäkologe direkt nach einer Geburt, «dass Väter in solchen Momenten heute ihre Gefühle zeigen und herzlich weinen können!» Die Hygiene kann warten.

Ich beobachte erfreuliche Veränderungen, zärtliche Eltern. Junge Mütter und Väter leben heute feinfühliger, zarter. Sie nehmen sich viel Zeit fürs Baby, staunen, gucken, berühren, streicheln, baden, salben, bekleiden, reden, lachen, scherzen. Sie geniessen die Nähe, versuchen Körpermassage, Streichelspiele, leben natürliches Nacktsein und akzeptieren, dass andere Eltern anders denken und anders handeln. Väter nehmen frei, sitzen mit dem Kindchen in die Badewanne, marschieren mit ihm im Tragtuch durch den Bahnhof. Viele wissen, dass nicht nur der Magen des Kindes nach Nahrung verlangt. Auch die Haut tut es. Wärme und Zärtlichkeit sind für jeden Menschen genau so wichtig wie Proteine und Vitamine.

Gereiftere Menschen leben bewusster. Mit allen Sinnen. Sie sammeln Steine, berühren ein Blatt, spannen mal im Regen oder Schnee den Schirm nicht auf, unternehmen auch nach zehn Ehejahren noch einen Vollmondspaziergang, backen eigenes Brot, riechen den Fluss, kuscheln, duschen noch nach 20 Jahren gemeinsam, geniessen den schützenden Arm, den zärtlichen Blick, eine tröstende Stimme oder einen bekannten Geruch. Sie küssen dreimal: rechts, links, rechts. Auch Frauen Frauen. Sogar Männer Männer. Die Liebe geht durch die Haut.

Zärtliche Männer: Sportler dürfen es. Fussballer fallen sich begeistert und erleichtert in die Arme, wenn das ersehnte Tor gefallen ist. Sie drücken sich, springen aufeinander, schlagen einander entfesselt auf die Achseln, und niemand meckert: Aha, alles Schwule! Sportler akzeptieren ihren Körper, trainieren ihn, leben bewusster von und mit ihm. Mann hat gemerkt, dass Zärtlichkeit eine wunderbare Würze des Alltags sein kann. Mann hat gemerkt, dass ihm da etwas fehlt, dass Zärtlichkeit negieren, übersehen, lächerlich machen sehr ungeschickt ist. Mann war Opfer einer jahrhundertealten, auch kirchlich mitgeprägten Verkopfung. Mann war emotionaler und körperlicher Analphabet. In Männergruppen beginnen Männer, wie Frauen schon lange in Frauengruppen, ein gesundes Selbstbewusstsein und ein gesundes Bedürfnis nach Zärtlichkeit und Körperlichkeit zu ent-wickeln.

Auf Bahnhöfen und Flugplätzen geschieht häufiger als woanders in der Öffentlichkeit zärtliches, ja stürmisches körperliches Begegnen. Offenbar sind Abschiede und Wiedersehn besondere Augenblicke. Etwas weniger gehemmt, getrauen sich da auch ganz Schüchterne in aller Offenheit Trennungsschmerzen und Wiedersehensfreude spontan zum Ausdruck zu bringen.

Masseure, Kosmetikerinnen und Coiffeusen haben körperliches Zuwenden und Zartsein in ihren Beruf integriert. Haare, zum Beispiel, sind sehr erotisch. Viele Kundinnen werden beim Schamponieren, Durchkneten, Fönen und Kämmen enorm mitteilungsfreudig. Herzenstüren gehen fast automatisch auf. Versteckte, verschluckte, vergrabene Sorgen formulieren sich. Coiffeurstühle sind manchmal Beichtstühle. *«Ich liebe meinen Beruf gerade deshalb, weil er mir tatsächlich die Möglichkeit des hautnahen Kontaktes mit Menschen gibt. Das ist etwas ganz Elementares, Natürliches. Aber ich gebe nicht nur Zuwendung, ich erhalte auch viel. Was, – das kann ich nicht mit Worten sagen. Manchmal bin ich nach einer Behandlung frischer als zuvor, seltener völlig fertig, wie ausgelaugt, ausgesaugt. Letzthin sagte eine Kundin zu mir: Wissen Sie, es ist so schön für mich, wenn Sie mich so sorgfältig betten und zudecken. Ich bin nun schon seit 20 Jahren Witwe. Es berührt mich niemand mehr.»*

Zärtlichkeit soll nie nur für die Momente des sexuellen Beisammenseins aufgespart werden, sondern möglichst viele gemeinsame Stunden aller Beziehungspartner durchfluten. Zärtlichkeit ist eine Existenzform, eine Lebenseinstellung, ein Klima des Wohlseins. Da steckt Behutsamkeit drin, Ehrfurcht, Achtsamkeit, Einfühlungsvermögen, Verständnis, Rücksicht, Sorgetragen und Verantwortung. Ich denke an Menschen, Tiere, Blumen, die Schöpfung, das Leben. Zartsein hat mit mir zu tun, meinem Umgang mit mir, meinem Autofahren, meiner Sexualität, meinen Träumen, meinem Zusammenleben mit Kindern und Erwachsenen. Ich will zarter mit mir und meiner Umwelt umgehen, Sorge tragen zu meinen Mitmenschen, ihnen Mut machen, sie gelten lassen, sie so nehmen, wie sie sind. Ich will Alltagshöflichkeiten als Zärtlichkeitsminimum nicht aussterben lassen: Danke! Wie gehts? Bitte! Guten Tag! Pardon! Guten Sonntag! Entschuldigung! Gute Fahrt! Viel Vergnügen!

Warum nicht Zärtlichkeit wünschen? «Bitte, umarme mich», äusserte eine bald 50jährige zu ihrem Partner. Absolut unvorbereitet. Einfach so. Und gleich wurde ihr heiss im Gesicht, bis hinter die Ohren. Doch damit nicht genug mit Neuem: Die über sich selbst Überraschte wagte sogar noch eine Kontrollfrage: «Magst du das auch?» Als typischer Nordschweizer bestand dessen Echo nur aus zustimmenden Urlauten: «Mmhm!» – «Diese kleine, gewagte Episode war eine Sternstunde für unsere Beziehung!» schilderte mir die mutige Frau einige Wochen später. «Ich hatte mich endlich einmal getraut, einen ganz persönlichen Wunsch auszusprechen.» Wie viele versteckte Wünsche schleppen doch (zu) viele Menschen durch ihr unzufriedenes Leben! Wie viele nie ausgesprochene, runtergewürgte Wünsche nehmen andere sogar mit ins Grab! Warum auch?

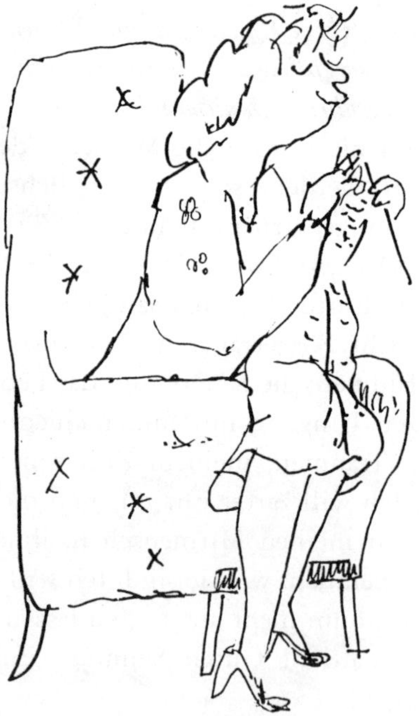

«Wissen Sie, ein Ohrenkuss ist für mich wahnsinnig aufregend!» meinte eine frei sprechende Klientin in der vierten Besprechung zu mir. «Aber, warum sagen Sie dies nicht Ihrem Mann? Ich (der Eheberater) gebe Ihnen sicher keinen Ohrenkuss», antwortete ich natürlich lachend. Und schon ertönten die Schwierigkeiten im offenen Reden miteinander. (Auch) dieses Paar kann über die Nachbarn, das Wetter, die beiden Kinder, sogar die mühsamen Verwandten durchaus lebendig diskutieren. Aber die zehnmal wichtigeren, intimen Themen werden ausgeklammert. Die zwei haben dann nach sieben Ehejahren, mit meiner begleitenden Hilfe, noch gelernt, grad auch über kritische Anliegen mutig zu reden. Ich mahnte bei diesem Thema sogar noch (wiederum lächelnd): «Sie dürfen Ihre Wünsche und Bedürfnisse auch

ändern. Informieren Sie Ihren Mann fröhlich und direkt, sonst kitzelt er immer noch im Öhrchen, sogar noch dann, wenn es für Sie schon lange nicht mehr lustig und anregend ist.»

Wünsche sind nie Befehle! Wünsche können akzeptiert werden. Wünsche können modifiziert, das heisst für alle Beteiligten stimmend gemacht werden. Und Wünsche dürfen abgelehnt werden! Dieses Rest-risiko geht jeder Wünschende ein: Sein Anliegen darf ein Nein bekommen. Wird die Ablehnung noch begründet, dann fällt jedes Akzeptieren leichter. Sachliche Erklärungen bewahren vor Frustrationen, vor endgültigem Zu- und Einschnappen. Mit überzeugenden Gegenargumenten, mit gemachten Erfahrungen, mit durchlebter Erziehung wächst in der Regel das Verständnis. Aha, darum reagierst du so!

Alle Paare wünschen eine lange Beziehung. Genau darum sind solche Klärungen lebenswichtig, beziehungswichtig. Wahrscheinlich lassen sich in offenen Aussprachen überall gute Kompromisse finden. Gut heisst: Alle Beteiligten sind von der gefundenen Lösung überzeugt. Vielleicht heisst es dann: So nicht, dafür so! Oder: Jetzt nicht, aber im nächsten Monat. Plötzlich entdecken zwei Streitende: Eigentlich ist es Blödsinn, wie wir über das Geld zanken; eigentlich wünschen wir etwas ganz anderes, nämlich mehr fröhliches Schmusen, mehr Zeit füreinander, mehr Zärtlichkeit, aufeinander eingehen, ausreden lassen.

Für die Mutter in der Bahnhofshalle und für meinen Vater blieb die Zärtlichkeit nur Schock und Bedrohung. Schade, denn das ist nur ihre eine Seite. Sicher kann zuviel Nähe unangenehm sein. Nähe wird aber in der Regel auch öffnen, befreien, glücklich machen. Der Ausgleich ist wichtig: Distanz und Nähe, Ich-sein und Wir-sein, Abschliessen und Sich-öffnen, Selbstbesinnung und Zärtlichkeit. Alles zu seiner Zeit. Es gibt sogar die Erfahrung von glücklicher Nähe bei räumlichem Getrenntsein. Solche Nähe lebt von vorangegangenem tiefem Verbundensein. Dieses überbrückt Grenzen, Ozeane, sogar die Todeslinie.

Zärtlichkeit ist Wahrnehmung des Du, ist Wohlwollen, ist Ja zum Du. Die friedliche Grenzüberschreitung zu einem Du ist zuerst Einfühlung, Verstehen. Grenzen sind wichtig. Meine Grenze ist wichtig. Ich muss wissen, wo ich bin, wo ich aufhöre, wo mein nächstes Du beginnt. Deine Grenze zu mir ist wichtig. Wir öffnen unsere Burgen, unsere Festungen, unsere Gefängnisse. Beide treten aufs freie Feld, auf die offene Wiese, auf einen freien Platz ohne Versteckmöglichkeiten. Beide kennen die eigenen und fremden Grenzen. Beide haben den Wunsch, das Bedürfnis, die Sehnsucht, die Lust, Grenzen zu überschreiten, neues Land, also Neuland kennenzulernen, Unbekanntes zu erforschen, das eingegrenzte Leben zu erweitern. Ich bin mir nicht genug. Ich sehe zwar meine Angst, mein Risiko bei Grenzüberschreitungen. Ich gebe mich preis, ich öffne mich, meine Hände sind leer, ich gebe mich hin, ich komme ohne Rüstung und ohne Waffen. Ich kann verletzt werden, ich kann zurückgewiesen, missverstanden, missbraucht werden. Genau so mein Du. Die Gefahr, sich schnell wieder zurückzuziehen, ist gross. Viele Menschen zögern, resignieren und kapitulieren genau hier. Sie kriechen lieber zurück, ins sichere (Schnecken-)Haus, in die trutzige Eigenfestung. Lieber das traurige, aber bekannte Alleinsein als die risikoreiche, unbekannte Zweisamkeit. Lieber unter Singles-Abkapselungen als unter Zweisamkeits-Enttäuschungen leiden.

Doch jede menschliche Sehnsucht ist gross, übermächtig, drückt immer wieder durch. Zum Glück. Das menschliche Zentralbedürfnis ist Liebe, also Nähe, Rührung, Einfühlung, Verstandenwerden, Berührung, Zärtlichkeit. Berührungsängste sind Ängste vor der Liebe, vor dem Leben. Sie enden in Einsamkeit, Einigelung, Lieblosigkeit und Tod. Meine Sehnsucht will Zweisamkeit, will Berührung. Ich will geistiges, seelisches und körperliches Verstehen, Eingehen, Übereinstimmen. Ich vertraue mir und meinem Du. Wir tun uns nichts, was verletzt, schmerzt, tötet. Als Kind fühlte ich mich wohl und sicher, wenn meine Eltern mich an der Hand führten. Liebe, Vertrauen, Zuwendung gehen durch die Haut. Als Erwachsener fühle ich mich wohl, wenn ich akzeptiert, geachtet, gesehen, gehört, gefragt, gebeten, gehalten, berührt, geführt werde...

Zärtlichkeiten, Zartsein, also die «Verleiblichungen der Liebe» haben heilende Wirkungen. Berührte Kranke werden schneller gesund. Berührte Gesunde werden weniger krank. Berührte Menschen leben länger. Wir dürfen nicht nur Katzen, Hunde, Meerschweinchen und Stofftiere liebenswürdigst streicheln: Viele Menschen um uns herum hungern genau so nach Streicheln, Zartheit, Kuscheln, einem Kompliment, einem Dank. Wir dürfen nicht nur Pferden, Kanarienvögeln und dem Aquariumfisch Koseworte zuflüstern: Viele Menschen um uns herum hungern genau so nach Kosenamen, nach zarten Sprachtönen, nach Verliebtengeflüster, nach Anerkennung, Mutmachen, Aufmunterung. Wir dürfen nicht nur den Computern, Fernsehgeräten und Hobbies unsere Stunden und Tage schenken: Viele Menschen um uns herum vermissen genau so anregende, intensive, aufmerksame Zuwendungen und offene Plauderstunden.

Der Hund

Sie: «Ja, du mein Herzkäfer, mein Schatz, mein Liebes...» Er: «Moment. Was ist auch los?» Sie: «Misch dich nicht ein. Ich rede mit dem Hund!»

♡

Umarmungen

Ich kehrte nach einem mehrjährigen Amerika-Aufenthalt nach Zürich zurück. Im Flugzeug nahm ich mir vor, bei der Ankunft meinen sehr zurückhaltenden Vater zu umarmen. Ich freute mich darauf. Aber als ich ihn dann umarmen wollte, wich er erschrocken zurück. Wir gaben uns nur die Hand. – In Armenien kehrt ein alter Mann nach jahrelangem Exil in die Heimat zurück. Sein Sohn erwartet ihn. Ohne das Aussteigen der Passagiere abzuwarten, stürzt sich der Sohn ins Flugzeug, und auf seinen Armen trägt er den Vater von Bord.
(Oskar Pfenninger)

♡

Brief an den eigenen Ehemann

Vorausschicken möchte ich, dass ich Dich liebe. Ich weiss es zu schätzen, dass Du so unverdrossen für uns sorgst, dass Du gerne arbeitest, dass Du jeden Abend daheim bist, dass Du treu und zuverlässig bist, und doch, es fehlt mir etwas ganz Entscheidendes in unserer jetzt über 15jährigen Ehe, das ist die Zärtlichkeit. Es ist nicht die grosse Leidenschaft, die ich vermisse und die im Laufe der Jahre etwas weniger heiss glüht als am Anfang; dies dünkt mich eigentlich ganz logisch. Aber an ihre Stelle ist weiter nichts getreten, es ist leer und öde geworden in unserer Ehe.

Dabei braucht es so wenig, um eine Ehefrau zufriedenzustellen: ein liebes Wort, dann und wann, ein Streicheln über die Wange beim Vorbeigehen; einen Kuss zur Unzeit und nicht nur beim Aufwiedersehensagen und beim Hereinkommen, der so knapp ausfällt, dass er eigentlich schon gar keiner mehr ist; beim Fernsehen ein wenig näherrücken und den Arm um die Schulter legen. Danke sagen für ein besonders gutes Essen und nicht einfach nur vom Tisch aufstehen und ins Nebenzimmer gehen, um die Zeitung zu lesen.

Mit wieviel mehr Schwung und Freude ginge manche Hausfrau an ihre Arbeit, die oft sehr einsam ist; man ist viel allein, wenn die Kinder in der Schule sind, der Mann im Geschäft. Man hat Zeit, um seinen Gedanken nachzuhängen. Plötzlich bemerkt man eines Morgens um den Mund eine Falte, die sich nach unten zieht, und man denkt mit Schrecken: Wieso sehe ich so unzufrieden aus? Was ist denn los mit mir?

Es fehlt ganz einfach nur die Zärtlichkeit des eigenen Mannes, die so nötig ist für eine Frau wie das Wasser für eine Blume. Warum ich selber nicht zärtlich zu Dir bin? Weil ich das Gefühl habe, dass Du dies nicht vermissest, dass es Dir sogar lästig wäre. Aber *ich* vermisse es ganz schrecklich.

Computer umarmen

Eine Frage: Autos kann man nicht küssen, Computer nicht umarmen. Oder doch? Wenn einer mit seinem Wagen (oder mit seinem Hund) sorgfältiger, zärtlicher umgeht als mit der Frau, mit den Kindern? (August E. Hohler)

Button

In den USA gib es Buttons mit der Aufschrift: «Hast du dein Kind heute schon in den Arm genommen?» Ich ergänze: «Hast du deine Beziehungspartnerin, deinen Beziehungspartner heute schon in den Arm genommen?»

Ich lebe langsam

Unzählige Menschen klagen über die 'verlorene' Zeit. Schüler, Erwachsene, speziell Pensionierte. Irgend etwas verloren haben ist unangenehm. Die zweite Socke nicht mehr finden. Das Portemonnaie verloren haben. Den Hausschlüssel nicht mehr finden. Socken, Portemonnaie, Hausschlüssel kann ich vielleicht wieder finden, sonst halt neu kaufen. Zeit kann ich nicht kaufen. Darum ist es besonders schlimm, wenn Zeit verloren geht. Diese kann ich nie mehr finden.

Ich sprach mit einem Kellner. Er ist Süditaliener und vermisst die intensive Sonne sehr. Das wechselhafte Wetter macht ihn ganz depressiv, sagt er. Zur Zeit sind wenig Gäste im Lokal. Er hat Zeit. Und er geniesst das Plaudern in der Muttersprache. Ausführlich erklärt er mir Menüs, die ich zum erstenmal lese. Er hat Zeit. Er nimmt sich Zeit. Für mich.

Ich sprach mit einem Lehrer. Er studiert hobbymässig das Leben der Römer. Seine Augen beginnen zu leuchten, wenn ich nachfrage: Haben Sie schon selber Funde ausgegraben? Wie sahen die Grenzbefestigungen am Rhein aus? Wie funktionierte die Heizung in den römischen Bädern? Er weiss spannend viel. Und er hat Zeit. Er nimmt sich Zeit. Für mich.

Eine Frau klagte in der Eheberatung: «Ich habe oft den Eindruck, wenn mich mein Mann mit beiden Armen umarmt, dann guckt er in meinem Rücken immer auf seiner Armbanduhr, wie spät es ist.»

Ein in Meditation erfahrener Mensch wurde einmal gefragt, warum er trotz seiner vielen Beschäftigungen immer so gesammelt sein könne. Er sagte: Wenn ich stehe, dann stehe ich. Wenn ich gehe, dann gehe ich. Wenn ich sitze, dann sitze ich. Wenn ich esse, dann esse ich. Wenn ich spreche, dann spreche ich. Da fielen ihm die Fragesteller ins Wort und sagten: Das tun wir auch. Aber was machst du noch darüber hinaus? Er sagte wiederum: Wenn ich stehe, dann stehe ich. Wenn ich gehe, dann gehe ich. Wenn ich sitze, dann sitze ich. Wenn ich esse, dann esse ich. Wenn ich spreche, dann spreche ich. Wiederum sagten die Leute: Das tun wir doch auch. Er aber sagte zu ihnen: Nein! Wenn ihr sitzt, dann steht ihr schon. Wenn ihr steht, dann lauft ihr schon. Wenn ihr lauft, dann seid ihr schon am Ziel.

Ich studiere Reiseprospekte: «Kommen Sie zu uns, hier gehen die Uhren anders! Fliegen Sie nach XY, dort ist die Zeit stehen geblieben!» Was für ein Stumpfsinn! Das geht ja gar nicht. Es gibt nicht schnellere und langsamere Uhren. Auf der ganzen Welt hat eine Stunde 60 Minuten. Uhren kann man anhalten, Zeit nicht.

Trotzdem: Solche Ferien-Fantasien locken. Stressfreie Welt. Einsame Gässchen, schneeweisse Häuser, flanierende Menschen. Hier ist Zeit scheinbar in Hülle und Fülle vorhanden. Endlos. Forscher haben beobachtet, dass in einem griechischen Dorf die Menschen genau halb so schnell gehen wie in Zürich oder New York.

Es war einmal ein Mensch, der wollte die Zeit aufhalten. So ging er hinaus in die Hügel vor der Stadt und rief: «Zeit, steh still!» Da kam ein Reiter des Weges und sagte zu ihm: «Wenn dies dein Wunsch ist, so sei er dir erfüllt!» Und

er zog seinen Degen und stach ihn dem Menschen in die Brust. Zu dem Toten sagte er sodann: «Es gibt nur eine Zeit, deine Zeit. Und ihr Wesen ist Wandlung. Wer die Veränderung nicht will, der will auch nicht das Leben.» Dann ritt er weiter.

«Was ist die Zeit? Solange mich niemand danach fragt, ist es mir, als wüsste ich es. Fragt man mich aber und soll ich es erklären, dann weiss ich es nicht mehr.» So klagte Augustinus, ein im Nachdenken und Meditieren hocherfahrener Kirchenmann, ums Jahr 400. Er trug keinen Tyrannen, keine Fessel am Arm. Er hatte keine Armbanduhr. Er nahm sich viel Zeit, um über seine Zeit nachzudenken. Und sie blieb ihm im tiefsten Grunde fremd, unheimlich, unbeschreiblich, unerklärbar. Genau wie uns heutigen Menschen. Ich stammle, wenn ich diese Gedanken zusammenschreibe. Vielleicht weil meine Sinne versagen? Zeit ist geschmacklos. Zeit ist geräuschlos. Zeit vergeht lautlos. Zeit ist nicht mit Händen zu fassen. Zeit ist auf keiner Waage wägbar.

Im Buch 'Momo' kommen graue Männer von der Zeit-Sparkasse zu den Menschen. Zum Beispiel zum Coiffeur Fusi. Auf dem angehauchten Kundenspiegel rechnet der unheimliche Fremde dem immer mehr zitternden und frierenden Figaro vor, wieviel Lebenszeit er schon verplempert, vergeudet, verloren habe mit Nebensächlichkeiten, wie plaudern mit Kunden, Mutter besuchen, Tag überdenken, Kanarienvogel pflegen, Behinderte besuchen, Männerchor gehen. All diese Zeit könne er einsparen auf der Zeit-Sparkasse. Und das Grandiose an der Sache: Die grauen Herren von der Zeit-Bank würden die ersparte Zeit freiwillig verdoppeln. Der eingeschüchterte Herr Fusi glaubt alles. Er beginnt tatsächlich Zeit zu sparen: Er bearbeitet einen Kunden in der halben Zeit. Er bringt die Mutter in ein Altersheim. Der Kanarienvogel verschwindet. Er besucht die behinderte Frau nur noch vierzehntäglich. Doch sonderbar: Statt mehr Zeit, statt Genuss an der ersparten Zeit, hat er noch weniger Zeit als früher.

Es gehört heute zum guten Ton, keine Zeit zu haben. Auch bei Pensionierten. Obwohl wir nur noch einen Zehntel unseres Lebens für Arbeits-Zeit verwenden müssen: Keine Zeit. Obwohl wir Frei-Zeit-Millionäre sind gegenüber früheren Jahrhunderten: Keine Zeit. Obwohl ein Wort von Australien in 0,3 Sekunden aus dem Telefon zu uns tönt: Keine Zeit. Obwohl Anrufbeantworter im Büro und zu Hause die Grüsse, Fragen und Wünsche unserer Mitmenschen aufspeichern: Keine Zeit. Obwohl Videorecorder wichtige Fernsehsendungen aufzeichnen: Keine Zeit, diese später ausführlich anzugucken. Obwohl Ferienzeit eigentlich freie Zeit wäre, auch da: Keine Zeit, denn der Reiseleiter hetzt, das Animierprogramm ist gratis, das Zeit-Vernichtungsgerät Fernseher lockt immer. Was bleibt, ist bei vielen heutigen Menschen: Eine tiefe, tiefe Sehnsucht nach erfüllter, glücklicher Zeit!

Früher war es das Konfirmationsgeschenk. Jetzt, im Zeitalter der Billig- und Wegwerf-Uhren, ist es zum Wunsch der Erstklässler geworden: eine eigene Armbanduhr! Wer dem Schulstundenplan folgen will, braucht eine Uhr. Darum sehen wir kleine Kinder mit dem schweren Instrument am dünnen Armgelenk. Das Zifferblatt haben sie schon begriffen. Aber wie merken sie, was da mit ihnen geschieht? Wie merken sie, dass der Tyrann Zeit sie fest in den Griff genommen hat und von nun an unsichtbar mit sich zieht? Werden sie sich je wieder von seiner Fessel befreien?

«Seht einmal mit scharfem Auge auf die Art, wie ihr euer Leben führt! Lebt nicht so drauflos wie die unverständigen Leute! Wenn ihr es gescheit angreifen wollt, dann kauft den einzelnen Augenblick (in seiner ganzen Tiefe) aus!» So steht es im Epheser-Brief.

Lebe langsam! Huldrych Zwingli prägte diese Empfehlung: Lebe langsam! Ganz wörtlich gesehen ist es natürlich auch unrealistisch. Meine Uhr geht nicht langsamer als alle andern auf der ganzen Erde. Aber meine Einstellung zu ihr ist eine andere. Ich denke im Sinn von Zwingli: Ich klage nie über verlorene Zeit! Ich plaudere mit vielen Menschen! Wenn ich meine Frau umarme, schaue ich nicht auf die Uhr! Wenn ich esse, dann esse ich! Ich gehe langsam! Meine Zeit soll nie still stehen! Ich nehme mir Zeit zum Nachdenken! Graue Männer können nie mein Lebens-Tempo bestimmen! Ich habe die Armbanduhr durch eine Taschenuhr ersetzt! Ich geniesse immer wieder schöne Augenblicke! Ich versuche, langsam zu leben.

Zeit gewonnen

Ein indischer Professor kam nach Zürich. Sein Schweizer Kollege holte ihn am Hauptbahnhof ab. Wie die zwei aus der Halle treten, steuert auf der andern Seite des Bahnhofplatzes gerade ihr Bus auf die Haltestelle zu. Da packte der Schweizer den Inder am Arm: «Kommen Sie schnell, dort drüben ist unser Bus!» Und schon stürmten die zwei mit ihrem Gepäck treppab und durch die Shop-Ville auf die andere Bahnhofplatzseite. «Gott sei Dank, haben wir den noch erwischt», keuchte der Schweizer im Bus dem Gast ins Gesicht. «Jetzt haben wir tatsächlich 10 Minuten Zeit gewonnen!» Der Inder aber machte nur grosse, unverständige Augen. «Und was machen wir jetzt mit diesen 10 Minuten?» fragte er überrascht.

Mut zur Musse

- Musse meint Pause, Rast, Verschnaufen, Atemholen, Aufatmen, Beschaulichkeit, Stille, Besinnung, Staunen, Achtsamkeit.
- Musse gibt Freiräume, Weite.
- Musse liegt quer zur Hetze, Kontrolle, Uniformiertheit, Nivellierung, Bevormundung, Fremdlenkung.
- Musse ist das Gegenteil von Muss.
- Musse ist Widerstand gegen die Mythen von ewigem Wachstum, rationeller Nützlichkeit, grenzenloser Mobilität, atemraubender Hetze, 100%iger Effizienz.
- Musse ist nicht Schlamperei, Sinnlosigkeit, Hilflosigkeit.
- Musse ist die Zeit, um zur Einsicht, Klarsicht, Durchsicht und neuer Einsicht in sich selbst zu kommen.
- Musse bringt Abstand zum Unnützen, Gehetzten, Oberflächlichkeiten, Akademischen, Verkopften, Verkropften.
- Musse ist weder effizient noch ineffizient, weder gut noch böse. Sie ist nicht fixierbar, nicht korrekt, unverplanbar.
- Musse, Arbeit und Ruh schliessen dem Arzt die Türe zu. (Sprichwort)
- Musse erlebt der Mensch, der in sich ruht.
- Musse ist Tätigsein ohne Dauerdruck «Wem nützt's?»
- Musse nimmt sich Zeit. Was komplex und kompliziert ist, braucht Zeit. Unsere Seele ist komplex und unser Leben ist kompliziert.
- Musse zeigt tiefe Seelenausgeglichenheit, denn ein in sich zerstrittener Mensch kann nicht mit sich allein im Zimmer sein.
- Musse ermöglicht Kreativität und schenkt Mut zu Noch-nie-Gewagtem, z.B. Weiterbildung, Reisen, Offensein für eigene Interessen und die Anliegen der anderen Menschen.
- Musse schafft innere Ausgewogenheit, findet die harmonische Mitte, die wohltuende Balance, das seelische Gleichgewicht.
- Musse wehrt sich gegen den Wahn, jede Aktivität sei sinnvoll, jede Passivität sinnlos.
- Musse erhält uns gesund.

(WR)

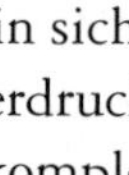

Achtsamkeit

Achte gut auf diesen Tag, denn er ist das Leben!

Arbeit

Du sollst deine Arbeit lieben wie dich selbst.
(Steht nicht in der Bibel)

Tödlicher Zirkel

Zeit ist Geld.
Geld ist knapp.
Zeit ist knapp.
Zeit sparen.
Zeit horten.
Zeit herausholen.
Zeit herausschinden.
Zeit gewinnen.
Zeit ist Geld.

Aus den Fugen

The time is out of joint. (Shakespeare)

Tip

geniessen
statt
konsumieren

Leben

Zeit ist Leben.
Leben ist Betrachten.
Leben ist Verweilen.
Leben ist Kennenlernen.
Leben ist Nachdenken.

Nimm dir Zeit

Nimm dir Zeit zum Arbeiten – das ist der Preis für den Erfolg.
Nimm dir Zeit zum Nachdenken – das ist die Quelle der Kraft.
Nimm dir Zeit zum Spielen – das ist das Geheimnis der Jugend.
Nimm dir Zeit zum Lesen – das ist das Fundament des Wissens.
Nimm dir Zeit für eine Andacht – das wäscht den irdischen Staub von deinen Augen.
Nimm dir Zeit für deine Freunde – das ist die Quelle des Glücks.
Nimm dir Zeit zum Liebhaben – das ist etwas Zentrales im Leben.
Nimm dir Zeit zum Träumen – das zieht die Seele zu den Sternen hinauf.
Nimm dir Zeit zum Lachen – das hilft die Bürden des Lebens tragen.
Nimm dir Zeit zum Planen – dann hast du Zeit für die obigen neun Dinge.

Tempo

Es gibt wichtigere Dinge
im Leben
als die Schnelligkeit.
(Gandhi)

Ich lebe gelassen

Gelassenheit ist nicht Gleichgültigkeit. Nicht Unempfindlichkeit. Nicht Abgestumpftsein, nicht Apathie. Gelassene Menschen sind nicht interesselos, nicht unbeteiligt, nicht ungerührt, nicht fad, nicht fatalistisch. Was dann?

Gelassenheit ist: Selbstbestimmung statt Fremdbestimmung! Andere Menschen sagen, was ich tun soll, was ich denken soll. In (zu) vielen Arbeitsverhältnissen und in (zu) vielen Familien wütet Unterdrückung, Psychoterror. Schlauheit und Dominanz erzwingen Abhängigkeit, Unterordnung, Anpassung. Schliesslich sagen und glauben solch unterdrückte, zusammengestauchte Menschen allen Ernstes: Ich kann ohne dich nicht mehr leben! Oder: Ich komme von dir nicht los, obwohl ich dich hasse! Auch Kranke können auf gewisse Art ihre Umwelt terrorisieren, können «sanfte Tyrannen» sein. Doch der Freiheitsdrang ist mächtig. Früher oder später kommt überall der Aufstand gegen die Fremdbestimmung, der explosive Ausbruch aus der offenen oder der versteckten Gewalt.

Der selbstbestimmte Mensch durchschaut falsche Autoritäten. Ich lasse mich nicht mit Angst, mit (leeren) Drohungen unterdrücken. Ich hechle nicht untertänig nach Anerkennung, Bestätigung, Führung, Wegweisung. Ich folge nicht kritiklos Vorgesetzten, Fachleuten, Kennern, Gurus, Uniformierten. Ich prüfe regelmässig meine menschlichen Beziehungsfäden. Ich lasse mich, so wie ich bin (= Gelassenheit). Ich mache mich nicht selber unzufrieden(er). Zum Beispiel durch Eigenüberforderung. Ich muss nicht dauernd Superleistungen erbringen. Selbstgestaltung bringt echte Freude, tiefes Glück, Zufriedenheit. Freie Entfaltung braucht jeder Mensch, so wie die Blume das Wasser. Unnötige Regeln, menschenverachtende Massstäbe, unrealistische Maximen, fanatische Dogmen lähmen meine Lebendigkeit. «Der Mensch ist immer wichtiger als die Gesetze», sagte Jesus.

Gelassenheit ist: lösen statt festhalten! Das Festhalten braucht viel Kraft. Das Anklammern ist anstrengend und verzehrt Energie. Ich kann das testen, wenn ich in meiner Faust einen Gegenstand krampfhaft festdrücke. Auch in Ideen, in Ideologien, in Religionen, in Probleme und Sorgen kann ich mich fanatisch festbeissen. Gewisse Menschen binden mich an, unterdrücken und «fesseln» mich. Das Festhalten an alten Grundsätzen und Zwängen züchtet in mir Konkurrenzdenken, Ehrgeiz und Geltungssucht: Ich muss immer perfekt sein! Ich muss immer aufräumen! Ich muss immer die «Nummer 1» sein!

Ganz anders das Loslassen, Abgeben, Verschenken, Öffnen, Freilassen. Ich öffne meine schmerzende, zusammengepresste Faust und geniesse das Ende der Verkrampfung. Ich löse mich vom Strebertum, von Krämpfen, Ehrsucht, Verbissenheit, Fanatismus. Ich entlarve meine Unterdrücker um mich herum und jene in mir. Ich entmachte krankmachende Antreiber um mich herum und jene in mir. Ich lasse unnötige Sorgen los. «Quält euch nicht mit Gedanken an morgen», empfahl Jesus.

Gelassenheit ist: annehmen statt (ver-)urteilen! Unsere Gesellschaft basiert auf dem Konkurrenzdenken. Sich selber und andere beurteilen, werten und verurteilen ist uns selbstverständlich. Speziell Andersartigkeit, Andersdenken, Andersglauben macht uns Mühe. Das Schubladisieren lähmt: ein Lehrer, ein Zürcher, ein Türke, ein Fundi, ein Jude, ein Sternzeichen Waage, eine Geschiedene, ein Mercedesfahrer, ein Arbeitsloser, ein Moslem, eine Lesbe, ein Deutscher, typisch Mann, typisch Frau, typisch Krankenschwester, typisch katholisch... Vorurteile vergiften jede Menschengruppe, jedes Menschenherz, jede Beziehung. Etikettierung schafft Überheblichkeit, Arroganz, Neid, Konkurrenz.

«Richtet nicht, urteilt nicht, nehmt einander an», empfiehlt die Bibel. Wie langweilig wäre die Welt, wenn alle Menschen so wie ich wären! Wie bunt sind die Blumen einer Wiesen-, Wald- oder Sumpfecke! Wie bereichernd ist jedes Aufbrechen eines Kreises von Immer-Gleichgesinnten! Gelassene Menschen werten andere nicht, sondern entdecken sie vorurteilsfrei.

Gelassenheit ist: mich ändern statt dich ändern! Jeder Überzeugte weiss gewisse Sachen besser. Fachleute wollen andere überzeugen. Jeder Spezialist führt Anfänger. Jeder Gläubige will Andersgläubige und Zweifler bekehren, erretten, erlösen. Jeder Verheiratete will den Partner zu diesem oder jenem ummodeln. Alle Eltern wollen nur das Beste für ihre Kinder. Immer wieder versuchen Menschen so andere Menschen zu ändern. Ganze Glaubenskriege werden deswegen angezettelt. Ganze Völkerteile wurden in der Geschichte deswegen schon ausgerottet. Jede Woche hören und lesen wir von Mord und Totschlag in Beziehungen und Familien.

Der gelassene Mensch sucht bei sich. Ich korrigiere mich. Ich will nicht andere ändern. Sondern mich. Die Lösung (m)eines Problems ist selten so, dass sich alle Menschen mir anpassen müssen. Mein Druck erzeugt nur Gegen-Druck, Gewalt nur Gegen-Gewalt, Aktion immer Re-Aktion. Zuviel Un-Heil entsteht durch Heilbringer, Manipulatoren, Besserwisser, Fanatiker.

Gelassenheit ist: aufbrechen statt sitzenbleiben! Der Grübler wälzt Probleme und nimmt wenig wahr. Er kommt nicht vom Fleck. Er bleibt in seinen Sorgenkreisen sitzen. Spiralförmig quält er sich immer den gleichen Fragen nach einwärts. Sein Geist kommt nicht zur Ausgegli-

chenheit, er wird immer enghorizontiger, engstirniger. Übertherapisierung führt weg von der Realität, problematisiert, analysiert und seziert die Gequälten. Gewisse Meditationen und Übungen der Psycho-Zunft führen auch nicht zur ersehnten Glückseligkeit. Im Gegenteil: Gewisse Therapien lähmen, entmutigen, entmündigen und kosten zudem noch eine tüchtige Menge Geld. Auch viel Wissen, viel Arbeit, viel Geschäftigkeit, viel Lärm, viele Reisen und Terminhetzereien erfrischen die Seele ganz und gar nicht. Sie hungert, dürstet, verdurstet.

Anders der seelisch Aktive, der Beschauliche, der Nachdenker: Ich falle mal um, aber ich bleibe nicht sitzen. Ich drehe mal einwärts ins Problem-Schneckenhaus, aber ich krieche wieder hinaus. Ich liege mal flach, aber ich stehe wieder auf. Ich bleibe mal stehen und gucke mich um, aber ich breche wieder auf. Ich nehme alles wahr, was jetzt geschieht, genau in diesem Augenblick. Ich bin hellwach, bin bei mir. Ich brauche weder Kloster, noch Esoterik, noch Isolation, noch Psycho-Trip. Ich kann beim Einkaufen und Autofahren nachdenken, beim Spazieren, Joggen, Duschen, Glätten, im Wartezimmer, im Zug. Sämtliche Sinne sind Einlasstore, weiten meinen Horizont. Eine einzelne Blume, ein Amsellied, ein spielendes Kind können meiner Seele mehr Nahrung geben als die teure Hawaii-Reise, die religiöse Zwangssitzung oder die teure Blabla-Therapie. Offensein, Lebendigsein, Aktivsein, Kreativsein, eigene Gefängnisse aufbrechen, vergrabene Talente freilegen bringt beglückende Lebensfreude.

Gelassenheit ist: Lebendigsein statt Planung! Jahreskalender und Taschenagenden sind für heutige Menschen «heilige» Gegenstände. Wir fixieren, verplanen unsere Stunden, Tage, Monate, Jahre, unser Leben. Wir sichern und versichern alles: Gebäude, Maschinen, Mobiliar, Auto, Verantwortung, Ferien, das Leben. Wir denken und reden nach, was andere Menschen uns vorformuliert haben. Wir pflegen Grundsätze, Prinzipien, Ideale. Wir erstreben sicheres Einkommen, Pensionskasse, Leben im Himmel nach dem Tod. Wir funktionieren äusserlich, nach Programm, Fahrplan, Vorschrift, Regeln. Wir sind stark verplant, verprogrammiert, festgefahren.

Es geht durchaus mit etwas weniger Organisation, mit mehr leeren Stellen im Tagesplan. Warum wähle ich immer den kürzesten Weg zum

Einkaufen, warum nie einen Umweg? Wieso renne ich auf die Strassenbahn, in 7 Minuten kommt die nächste? Leben ist immer auch Unverplantheit, Unsicherheit, Risiko, Wagnis, Änderung, Umstellung. Spontan fallen neue Entscheide. Spontan ändert der Tagesablauf, das Vorgenommene. Sicher bringt jeder Tag irgend etwas Unvorhergesehenes. Viele, meist kleine Tagespointen und Fahrplanänderungen sind gar nicht nur ärgerlich, sondern hübsch, bereichernd, unvergesslich. Statt äusseres Make-up bekommt mein Gesicht so eine innere Ausstrahlung.

Gelassenheit ist: Gespräche statt Geplapper! Viele Begegnungen, viele Reden sind Geschwätz, sind leeres Geplätscher, sind Blabla. Das Hüpfen von Stichwort zu Stichwort ist oberflächlich, fad und schal. Die Redenden bleiben unberührt, unverbindlich, lieblos, teilnahmslos. Kein tiefer Kontakt entsteht, keine innere Begegnung und Zufriedenheit. Das mag ja hie und da erträglich sein. Ich will nicht immer mit meinem Seelenkleinkram hausieren. Aber immer Theater spielen? Warum schwimme ich kommentarlos mit? Warum ändere ich das Geplapper nie?

Ein echtes Mitteilen hat mit Teilen zu tun: Hier wird vom Ich erzählt, in Ich-Sätzen. Hier wird vom Innersten verschenkt, etwas gegeben. Hier werden Brücken geschlagen, öffnen sich neue Horizonte, neue Perspektiven, neue Hoffnungen. Ich sage meine Wünsche, meine Bedürfnisse. Ich rede von Gefühlen, Fantasien, Nacht- und Tagträumen. Ich höre zu. Und ich werde angehört. Ich bin im Gespräch und auch nachher glücklich. Die Begegnung hat mich bereichert. Die verwendete Zeit reut mich überhaupt nicht.

Gelassenheit ist: sein statt haben! Wer Liebe mit Besitz verwechselt, meint: Das Kind gehört mir. Der Partner gehört mir. So wie das Taschenmesser, der Pullover, die Wanderschuhe. Der geliebte Mensch soll sein Eigenleben aufgeben. Er gehört jetzt immer mir. Er soll immer für mich da sein. Das Haben-Denken will Besitz, Gewinn, materielle Sicherheit, Spekulationsobjekte. Der Haben-Mensch meint, je mehr Gegenstände und Menschen er habe und «besitze», umso glücklicher und zufriedener sei er. Dabei vergeht alles Irdische: Autos, Verputz, Geld, Menschen, Eisen, Beton, Berge, Möbel, Kleider, Autobahnen. «Das letzte Hemd hat keine Taschen», sagt der Volksmund. Wir sterben so, wie wir geboren wurden: mit leeren Händen.

«Alles Haben ist Haschen nach Wind; Unmögliches festhalten ist Unfreiheit», sagt der weise Salomo. «Sammelt keine Reichtümer, Motten und Rost fressen sie, Einbrecher stehlen alles», empfiehlt Jesus. Ich durchschaue das Vergängliche, Oberflächliche, die Reklame, Shows, Fassaden-Menschen, Schein-Glück, die Grenzen des Geldes. Geld allein macht nicht glücklich. Innerer Reichtum macht glücklich. Innere Zufriedenheit kann niemand stehlen. Die Seele, unser Herz, ein religiöses Fundament ist das wahrhaft Wichtige und Bleibende im Leben. Ich geniesse das Sein. Sein ist viel wichtiger als das Haben.

Gelassenheit ist: leben statt gelebt werden! Verplante Menschen verschieben Zentrales auf morgen, auf das nächste Jahr. Ihr Leben beginnt erst mit dem Feierabend, den Ferien, der Pensionierung, dem Alter. Termine, Verpflichtungen, Sitzungen, Abmachungen, Arbeitslunchs, Besprechungen füllen die Stunden. Einige davon mögen ja noch amüsant und bereichernd sein. Die meisten jedoch gar nicht. Hinter viel organisierter Geschäftigkeit gähnt Leere, Sinnlosigkeit. «Ich lebe nicht, ich werde gelebt», sagte mir einmal ein Manager. Er lebt nur äusserlich, innerlich ist er tot. Er funktioniert maschinenmässig, aber seine Seele ist verwelkt, verblüht, verkümmert.

Der lebendige Mensch jedoch gestaltet sein Leben (möglichst) selbst: Ich schwimme nicht überall mit. Ich lebe jetzt, nicht gestern, nicht vorgestern, nicht morgen, nicht übermorgen. Ich wage es täglich, meinem Terminkalender ein Schnippchen zu schlagen. Ich geniesse es, zu entscheiden, mir Passendes zu verlängern, eine S-Bahn zu überspringen. Meine Liebe zu diesem oder jenem Menschen zeigt sich jetzt. Dieser eine, jetzige Moment ist formbar, sagt Paulus. Dieser eine, jetzige Moment wiederholt sich nie, nie mehr.

Freiheit

Die Freiheit besteht darin, dass ich alles tun kann, was andern nicht schadet. (Matthias Claudius)

♡

Friede

Der Friede der Welt muss in unserem Herzen, in unserm Hause den Ursprung nehmen. (Reinhold Schneider)

♡

Menschlichkeit

Ohne Religion sind die Menschen unter sich. Seltsamerweise
ist es um die Menschlichkeit dann schlechter bestellt, nicht besser.
Das Unmenschliche an der Religion ist nur der Fundamentalismus.

♡

Urvertrauen

Ich liege, Gott, in deiner Hut und schlafe ganz mit Frieden.
Dem, der in deinen Armen ruht, ist wahre Rast beschieden.
Du hast die Lider mir berührt. Ich schlafe ohne Sorgen.
Der mich in diese Nacht geführt, der leitet mich auch morgen.
(Jochen Klepper)

♡

Genuss

Nicht insofern der Mensch etwas zurücklässt, sondern insofern er wirkt und geniesst und andere zu wirken und geniessen anregt, bleibt er von Bedeutung. (Johann Wolfgang von Goethe)

♡

Bewusstheit

Es ist viel schwerer, einen Tag von Anfang bis Ende in voller Aufmerksamkeit durchzuhalten, als ein Jahr in grossen Absichten und hochfliegenden Plänen. (Christian Morgenstern)

Gelassenheit

«Ich kann darin nicht gehen», sagte David zu Goliath, «ich habe noch nie eine Rüstung getragen.» Er legte alles wieder ab und nahm Hirtenstock und Schleuder. Im Bachbett suchte er fünf glatte Kieselsteine und steckte sie in seine Hirtentasche. Mit der Schleuder in der Hand ging er dem gepanzerten Goliath entgegen. (1. Samuel 17)

Ich lebe mit meiner Angst

Zu jener Zeit, als die Wünsche das Leben veränderten, kam ein Junge aus gutem Hause zur Welt, und seine Eltern luden drei Frauen zur Patenschaft. Die erste war krank und gebrechlich und wünschte dem Jungen Gesundheit ein Leben lang, bis hin zum Tode. Das hörte die Mutter mit Freuden und dankte der Patin mit Geld und Worten. Die andere trug einen stillen Kummer im Herzen, und die Tränen in ihren Augen spiegelten alles Unglück, das sie sah. Sie wünschte dem Knaben Glück. Das hörte der Vater gerne und beschenkte sie reichlich. Die dritte Patin war kraftvoll und ohne Furcht. Sie sprach mit klarer Stimme: «Ich wünsche dir Angst.» Da wurden die Eltern zornig, und sie wiesen der Patin die Tür. Wie sie aber das Haus verliess, da fiel auf das Gesicht des Knaben ein kalter Schatten der Angst, und die Furcht griff nach seinem Herzen und grub dunkle Spuren in seine Stirn. Tränen der Sorge und Ohnmacht quollen aus seinen Augen. Als die Eltern sahen, dass im Gesicht des Jungen die Angst geschrieben stand, riefen sie den Goldschmied, der musste eine Maske anfertigen, damit die Angst verborgen war vor den Augen aller, denn wer als Junge von der Angst gezeichnet ist, wird noch als Mann furchtsam bleiben. So dachten die Eltern und fürchteten sich vor dem Spott der Leute.

Der Knabe wuchs auf, und die Wünsche gingen in Erfüllung. Sein Körper war stark und biegsam, und er blieb gesund, selbst als die Seuchen das Land heimsuchten. Was er anfasste, gelang ihm. Das Glück fiel ihm zu, und alle seine Unternehmungen standen unter einem guten Stern. Doch in jedem Winkel seiner Seele lauerte die Angst, und Sorge und Furcht waren ihre Begleiter. Er hatte Angst vor dem Licht und der Dunkelheit, vor dem Neuen, wenn sich Türen öffneten, und vor dem Alten und Bekannten, wenn er mit sich allein war. Die Leute wunderten sich über die Maske des Jungen, aber seine Eltern sagten, sein Gesicht sei zu schön für die Welt. Weil sie mächtig waren im Land, erging bald ein Gesetz, dass mit dem Tode bestraft würde, wer die Maske des anderen lüfte.

Als der Junge aber erwachsen wurde, verlangte ihn, dass eine Frau seinem Herzen nahe sei und die Einsamkeit mit ihm teile in den Stunden der Verzweiflung. Nach der Hochzeit bedrohten die Eltern die Braut, dass auch sie sterben müsse, wenn sie über das Geheimnis hinter der Maske rede. Die Frau aber liebte den jungen Mann. Als sie mit ihm alleine war und sein wirkliches Gesicht sah, da gesellte sich zu ihrer Liebe das Mitleid. Weil sie mit niemandem über das Geheimnis der Maske sprechen durfte, ging sie hinaus an den Waldrand, hob eine Grube aus und sprach hinein, was sie nie aussprechen durfte: «Es ist ein Angstgesicht unter der goldenen Maske.» Diese Worte vertraute sie der Erde an, schüttete die Grube zu und ging zurück. Die gütige Erde aber brachte die Worte in die Wurzeln der Bäume, und immer, wenn der Wind durch die Blätter fuhr, hörten es die Wanderer und verstanden das Geheimnis der Maske. Das hörten die Eltern und wurden zornig, und weil nur die junge Frau das Geheimnis verraten haben konnte, klagten sie sie an und schafften sie hinweg, um sie zu töten. Als das ihr Mann hörte, suchte er sie im ganzen Land. Am Tag ihrer Hinrichtung fand er sie, umgeben von einer grossen Menge, die auf ihren Tod wartete. Da riss er sich die Maske vom Gesicht und rief: «Ich will mich nicht länger verstecken und es soll auch nicht verborgen werden, was doch zu mir gehört wie der Tod zum Leben. Niemand soll sterben, der die Wahrheit sagt. Was selbst die gütige Mutter Erde nicht bei sich behalten will, darf nicht verborgen bleiben unter den Menschen.» Mit diesen Worten schnitt er die Fesseln durch, mit denen seine Frau gebunden war. Wie er das tat, löste sich aus der Menge eine alte Frau. Das war die dritte Patin. Sie fuhr ihm mit der Hand über das Gesicht, glättete seine Stirn, hellte seine Miene auf, trocknete seine Tränen: «Wer seine Angst annimmt und nicht verbirgt, der wird sie verlieren.»

Soweit ein modernes Märchen von Herbert A. Gornik. Es redet deutlich zu uns: Drei Frauen bringen Lebenswünsche. Und zwar immer das, was sie selber in ihrem Leben vermissen. Die Kranke wünscht Gesundheit, die Bekümmerte Glück, die Furchtlose Angst. Der «böse» dritte Wunsch wird leider sogleich sichtbar: Angst verdüstert das Gesicht des Kindes. Dabei ist dies ein Knabe. Ein ängstlicher Bub, ein ängstlicher Mann ist eine Katastrophe, denken die ängstlichen Eltern.

Gold muss her. Das köstlichste Metall. Die Angst wird versteckt. Wie viel Geld opfern wir, um unsere Ängste zu verstecken? Lügen werden erfunden: Das echte Gesicht hinter der Maske ist zu schön für die Welt. Wie viele Betrügereien erfinden wir, um unsere Ängste zu verstecken?

Die Eltern sind mächtig. Sie terrorisieren. Zuerst den Sohn. Dann die Mitmenschen. Dann die Schwiegertochter. Mit Gesetzen, mit der Todesstrafe. Aber die Natur ist mächtiger als die läppischen Diktatoren dieser Welt. Jede Unterdrückung weckt Freiheitskräfte, Fantasie, sogar Tricks.

Jetzt wird der Maskierte aktiv. Endlich. Er sucht seine Frau, die Verschleppte, die Verurteilte. Und er findet sie. Noch mehr: Der Gegängelte, der Gesichtslose, der Unterdrückte, der Entmündigte zeigt seine Wut, seine eigene Meinung, seine Liebe zu dieser Frau. Vor einer grossen Menge demaskiert er sich selbst. Er zeigt sein wahres Gesicht, sogar seine Tränen. Welche Leistung! Was bewirkt doch ein gewisser Leidensdruck!

Keine Angst haben ist unmenschlich. Angst haben ist menschlich. Angst verdecken ist sinnlos. Sie gehört zu uns. Solange wir leben.

Angst ist nie nur etwas Negatives. Angst hat immer zwei Funktionen: Sie ist einmal Signal, Warnung bei Gefahren, wie die Lämpchen auf dem Armaturenbrett des Autos, die mir z.B. melden, das Benzin werde knapp. Und genau darum ist die Angst auch Anreiz, Antrieb, gegen diese Gefahr etwas zu unternehmen. Die Benzin-Knappheit reizt meine Hirnzellen, nach der geschicktesten Lösung dieses Problems zu suchen.

Ich wachse mit meiner Angst. Seit der Geburt plagen jeden Menschen Verlust- und Trennungsängste: die Angst vor dem Verlassenwerden, die Angst vor Schuld und Strafe, die Angst vor Verlust von Selbstwertgefühl und Identität. – Statt an der Mutterbrust saugt der enttäuschte, verlassene, hilflose Erwachsene an seiner Zigarette, an Drogen, Schokolade, an Ersatzliebe.

Es gibt überängstliche Menschen, die in Panik geraten, wenn irgendein unerwarteter Wechsel in ihr Leben einbricht. Allein in einem Lift stehen kann enorm Angst machen, genauso das Eingeklemmtsein

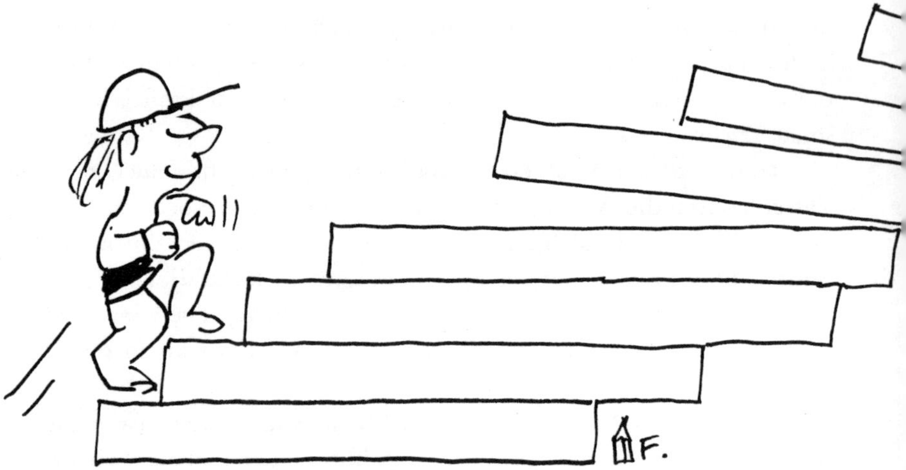

in einem überfüllten Lift. Störungen in einem Beziehungsnetz, Risse in festen Beziehungen können lebensbedrohende Existenzängste auslösen. Jugendliche im Schmerz einer unerfüllten oder abgebrochenen Liebe sind suizidgefährdet. Eine Krebskranke meinte zu ihrem Mann und ihren Kindern: «Kommt, wir machen alle zusammen Selbstmord, dann muss ich nicht allein sterben!»

Der ängstliche Erwachsene will immer mit seinem Partner zusammensein, wie das Efeu am tragenden Baum. Er möchte in enger, symbiotischer Gemeinschaft mit ihm leben, damit die trennende Grenze zwischen Ich und Du aufgehoben scheint. Aus Angst vor dem Alleinsein und dem Verlassensein soll die Nabelschnur nie durchgetrennt werden.

Ein Beispiel aus meiner Arbeit: Ein sterbender Mann bat seine Frau, sie möge ihm doch versprechen, nach seinem Tod nie mehr zu heiraten. Natürlich erfüllte die Trauernde dem Schwerkranken diesen letzten Herzenswunsch. Wer denkt in allerschwersten Trennungsmomenten ans übernächste Jahr? – Genau dann lernte die liebesfähige, eigenständige Frau jedoch einen neuen Partner kennen. Zusammen mit den Hochzeitswünschen aber kamen schwerste Selbstvorwürfe und psychische Störungen. Tiefgeknickt und verzweifelt sass sie vor mir.

Eine Sprayer-Schrift an einer Hauswand in Zürich sagt knapp: «Wer sich nicht wehrt, lebt verkehrt!» Also: Wer an der Angst wachsen will, wer in der Angst nicht krank werden will, der muss sich wehren, der muss Halt sagen, der muss NEIN sagen. Etwa gegen angstmachende Drohungen: «Ich kann ohne dich nicht leben! Wir wollen immer beieinander sein! Wenn du mich verlässt, bringe ich mich um!»

Krankhaft ängstliche Menschen erfinden künstliche Nabelschnüre. So übernimmt eine überfürsorgliche Frau in einer Zweierbeziehung die Rolle der Übermutter und versucht den unerwachsenen Partner zum abhängigen Kind zu machen. Umgekehrt ist es auch bequem, die Kinderrolle zu spielen, also Verantwortung an sogenannte Verantwortliche abzuschieben.

Es ist beruhigend für Millionen von Erwachsenen, wenn geistige Führer, Fürsorger, Politiker, Manager, Vereinspräsidentinnen oder Fanatiker sie führen. Es ängstigt viele Erwachsene, ohne sie zu leben. Sogar das Weggehen von religiösen Gurus und Heilslehrern, also die religiöse Selbstwerdung, das eigene Bibellesen, das verantwortungsvolle religiöse Tun machen Angst. Auch da sitzen angstfördernde, selbstwerdungshemmende Drohungen im Genick: Nur in unserer Gruppe ist das Heil! Wer nicht so lebt wie wir, ist eine Sünderin, ein Sünder! Nur Bekehrte kommen in den Himmel! Leider fördern viele Interessierte meine Ängste, statt dass sie sie lindern. Es gibt ganze Industrien, die dank meinen Ängsten bestens rentieren. Sogar religiöse Gruppen hemmen manchmal meine Selbstwerdung. Ich soll nicht Ich sein. Dann bin ich nämlich bequemer manipulierbar!

In einer Scheidungs-Verhandlung fragte der Richter: «Warum möchten Sie weg von diesem Mann?» – «Ja, das kann ich Ihnen schriftlich geben», triumphierte die Klägerin. Sie zückte ein Notizbüchlein und begann vorzulesen: «Am 4. hat er mir keinen Abschiedskuss gegeben, am 5. die Kehrichtsäcke nicht mitgenommen, am 6. meinen Geburtstag vergessen.» Das Führen dieses Fehler- und Sündenregisters bewahrte die Frau davor, über eigene Dummheiten und eigene Fehler nachzudenken.

Hinter Feindbildern verstecken sich ängstliche Menschen. Es ist bequem, Sündenböcke zu pflegen. Etwa: Meine Ehe wäre nicht so, wenn mein Partner sich ändern würde! Oder: Unsere Gesellschaft würde gesunden, wenn Verbrecher härter bestraft, wenn Ausländer entschlossen bekämpft, wenn Protestler und Demonstranten eingeengt würden, wenn AIDS-Tests Pflicht wären!

Viele Erwachsene jammern lieber wie Kinder, als dass sie aktiv werden und helfende Veränderungen einleiten. Lieber bedauert als gefordert werden. Lieber klagen über Bevormundung und Entmündigung, statt Selbstwerdung und Zivilcourage riskieren. Lieber Selbstmitleid, statt Selbstverantwortung. Lieber eine Fassadenehe, eine Scheinfamilie, Theaterbeziehungen, als Schritte zur Ehrlichkeit, zum eigenen Ich. Lieber leiden, als konkrete Umstellungen wagen. Denn wer leidet, wird bemitleidet. Psychologen und Seelsorger empfehlen genau das Umgekehrte, den eindeutig mühsameren Weg: Statt jammern und kränklich durchs Leben serbeln, Lebenskorrekturen, sogar schmerzhafte Verbesserungen wagen. Wir empfehlen, an und in Konflikten zu reifen, statt ihnen auszuweichen. Wir empfehlen, an und in Ängsten zu wachsen, statt vor Ängsten zu resignieren und zu kapitulieren.

Sie war immer «die kleine Schwester». Solange sie sich erinnern kann. Immer die Zweite. Immer die Schlechtere. Immer die Schwache, Hilflose, Wenigerwerte. «Das verstehst du nicht», donnerte jeweils der Vater, «du warst nicht im Gymnasium!» Die grosse Schwester, die war und die ist etwas. Die hat jetzt Mann und Haus. Die Kleine ist ein Versager. Noch mit 41 Jahren hört sie praktisch täglich diese väterlichen Abqualifikationen. Der Vater ist tot. Aber seine Worte ängstigen ihre Seele und lähmen den Körper. – Nebenbei erzählte sie mir, dass sie Marionetten herstelle. Ich bat sie, eine mitzubringen. Und sie brachte eine wunderbare, metergrosse Figur, alles selbstgeschaffen, von den Lederschuhen bis zum übermütigen Hütchen. Ich wollte die Figur in Bewegung sehen. Und genau während dieses faszinierenden, bühnenreifen Spiels provozierte ich die ewig Leidende und Ängstliche: «Sehen Sie, Ihre Schwester, dieser Tolpatsch und Dummkopf, kann das nicht!» – Mit aufgerissenen Augen schaute mich die Frau erschrocken an. Sie begriff schlagartig. Prompt folgten Fortschritte. Die falsche, lähmende Angst vor der Super-Schwester verschwand. Die Frau sagte sich endlich ganz nüchtern und sachlich: Ja, ich war nicht im Gymnasium. Das stimmt. Aber ich kann auch etwas. Ich bin jemand. «I am somebody!» jubeln die Afrikaner in ihren Gottesdiensten. Ich bin jemand. – So ist die Frau an ihrer Angst gewachsen.

Angst ist keine Krankheit. Doch genau wegen Angstgefühlen schämen wir uns. Wer will ein Feigling, ein Hilfsbedürftiger, eine Unsichere, eine Nichtwissende sein? Also wird die Angst verleugnet, verdrängt, bekämpft, gedämpft.

Ich wachse mit der Angst, in der Angst, an der Angst. Ich versuche, mit der Angst und trotz dieser Angst etwas Tapferes, Kleines, Befreiendes zu tun. Ich sage ohne Hemmungen und Prestigeverlust: «Ich habe Angst!» Und ich freue mich, dass nicht die Angst mich hat. Ich lasse mich von der Angst nicht (mehr) unnötig lähmen, hemmen, einengen, einschnüren und an die Abgründe der Verzweiflung hintreiben. Viele oberflächliche Ängste habe ich gelernt. Also kann ich sie auch wieder ver-lernen!

Mut zum Leben machen ist die wichtigste Erziehungsaufgabe. Ein Glaube, der keinen Mut zum Leben weckt, ist ein Irrglaube. «Fürchte dich nicht! Wage etwas! Ich bin bei dir!» sagt Gott (auch) zu mir. – Ich trainiere Luthers Mut: «Hier stehe ich. Ich kann nicht anders!» Ich suche Verbündete, Freunde, Mitleidende, Schicksalsgenossen. Luther war ja auch nicht allein. Er wusste Freunde, Gott und Christus hinter sich. So konnte er (scheinbar ohne Angst) gegen die ganze damalige kirchliche und politische Macht hinstehen.

Ich bin nicht mehr das kleine, hilflose Kind. Darum lerne ich mein ganzes Leben lang konstruktiv mit Verlassenheits-, Selbstwerdungs- und Wandlungsängsten umgehen. In meiner Kindheit brauchte ich zur Angstbewältigung besondere Hilfe von Erwachsenen. Heute suche ich glückliche, religiöse Erfahrungen mit Menschen und der

Welt. Sie vermitteln mir eine optimistische Grundstimmung gegen die normalen Frustrationen, Abschiede, Trennungen und Einsamkeiten meines Alltags. Dieses Vertrautwerden mit Menschen und der Welt, statt meiner misstrauischen Distanz, bringt mir Geborgenheitsgefühle. Etliche Menschen mögen mich. Ich bin in Gottes Hand. Das ist mein bester Schutz gegen alle Existenzängste.

Gewisse Ängste kommen (ganz sicher) immer wieder in mir hoch, wie der Korkzapfen im Wasser. Etwa die Angst vor Fremdem, Neuem, vor Sexualität, Blamage, Ausgeschlossensein, Einsamkeit, Umweltzerstörung. Sicher, diese Angst ist Bedrohung, Warnung. Aber auch Antrieb, Ansporn. «Sogar wenn morgen die Welt unterginge, würde ich heute noch ein Bäumchen pflanzen!» Schlimmer als Angst haben, ist die Angst verdrängen. Eine nicht zugelassene Angst wütet ärger als eine zugelassene Angst. Angst haben, Angst aushalten ist also etwas ganz Vitales, zum Leben Gehörendes. Es hat nichts mit Feigheit zu tun, im Gegenteil: Feigheit zieht es vor, vor der Angst davonzulaufen, sich ihr nicht zu stellen und so zu tun, als gäbe es sie nicht. Ich weiss, wenn ich die Angst negiere, dann unterdrücke ich wichtige Seiten in meinem Leben. Und das rächt sich immer. Darum lerne ich, allein und mit andern Menschen, der bedrohlichen Angst ins Gesicht zu gucken. Ich werde dabei immer wieder erleben: Die scheussliche Angst ist meistens gar nicht so bedrohlich, wie es mir scheint.

Risiko

Ich kann nicht sagen: «Ich springe erst, wenn der Fallschirm offen ist!» Die Voraussetzung, dass der Fallschirm sich öffnet, ist, dass ich springe. (Zeitung)

♡

Nährboden

Zuviel Obhut, zuviel Strafe sind Nährboden, auf dem krankhafte Angst vorzüglich gedeiht. (Geo)

Angst-Erziehung

Ein Vater warnt: «Wenn du jetzt nicht schön lieb bist, bring ich dich auf dein Zimmer und schliesse dich dort ein. Dein Weinen hören wir hier unten dann nicht!»
In der Eisenbahn droht eine Mutter: «Nimm jetzt die Beine runter! Gleich kommt der Kondukteur. Wenn du nicht brav bist, wird er dich mitnehmen!»

♡

Integrierte Angst

Die Mutter: «Du brauchst keine Angst zu haben!»
Das Kind: «Doch, ich brauche die Angst!»

Ich lebe mit und ohne Masken

Alle Menschen sind Schauspieler. Alle schlüpfen immer wieder in Rollen. Alle verbergen immer wieder ihre wirklichen Empfindungen. Alle. «All the world is a stage», meint Shakespeare. Die ganze Welt ist eine Bühne, ein Theater. Ein Leben ohne Masken wäre archaisch, unzivilisiert, grausam, mörderisch. Kleine Kinder speien unerwünschtes Essen oder zu heisse Getränke einfach hinaus. Wo kämen wir hin, wenn auch alle Erwachsenen so ungesittet reagieren würden!

Jeder Mensch präsentiert sich immer wieder hinter Masken, das heisst nicht mit dem wahren Gesicht, nicht mit den wahren Gefühlen und Gedanken. Das ist weitgehend gut so. Wir alle sind Schauspielerinnen und Schauspieler und darum in Gefahr, durch völliges Verwachsen mit der Maske die eigentliche Identität und Persönlichkeit zu verlieren, das bunte, vielfältige Selbst einzuengen.

Viele Masken schützen mich. Etwa bei der Arbeit, beim Schweissen, Tauchen, im Sport. Mit Masken im Operationssaal, beim Zahnarzt wird der Patient geschützt. Hinter Modekleidern, monarchischen Prunkgewändern, hinter Talaren und Uniformen, hinter Repräsentations- oder Partymasken kann die eigene Persönlichkeit verschwinden. Ich denke auch an die Masken der Selbsterhöhung, der Selbsterniedrigung, der verstellten Liebe, der Angst, der Partnersuche, des Schmerzes, der Freude, der ewigen Jugend. Mit Hairstyling, Kosmetik und Schönheits-Chirurgie wird äusserlich enorm experimentiert.

Gewisse Berufsmasken signalisieren beispielsweise Macht und Distanz. Ein Bischof etwa zeigt nur wenig von seinem Gesicht und badet nie mit seiner Gemeinde. Ein Oberst duscht nie mit seinen Rekruten.

Das sind Menschen, die befehlen, bestimmen und deren Kleider golden glänzen. – Andere Berufsmaskierungen signalisieren die Umkehrung: etwa ein Kellner, eine Verkäuferin, eine Krankenschwester. Das sind oft Menschen, die von andern herumkommandiert werden.

Wir alle werden ein ganzes Leben lang in Masken, in Rollen hineingetrimmt, hineingedrillt, hineingezwängt. Normen bestimmen uns. Und Konventionen, Ideale, Erwartungen, Wunschvorstellungen, Ziele anderer. Sicher, gewisse Regeln sind hilfreich, ja schützen uns sogar. Aber es gibt dumme Vorschriften, veraltete Ideale, belastende Traditionen. Diese lähmen die Lebensfreude, töten die Fantasie, zerstören Fröhlichkeit, Innovatives, Spontaneität. Ein genormtes Maskenleben wird eng, farblos, langweilig, deprimierend. Wage ich noch (wenigstens hie und da), die eingedrillten Rollen und die drückenden Zwänge (wenigstens ein bisschen) zu lockern?

Alle Menschen erleiden Demaskierungen und demaskieren andere. Jedes Leben ist ein ständiger Prozess von Wandlungen, Ent-Wicklungen, Veränderungen, Reifungen, Wachstumsschüben. Jeder Tag bringt neue Maskierungen und neue Demaskierungen. Jede Maske ist das, was sie darstellt, und zugleich das, was sie verbirgt, das heisst absichtlich nicht darstellt. Jede Maske ist Selbstdarstellung und Selbstverleugnung.

Mein ganzes Leben lang werde ich entscheiden müssen: Zeig ich jetzt die Maske oder das Gesicht? Immer wieder treffe ich Menschen, die Maskierung und Demaskierung brauchen. Wann würde ein Mensch verzweifeln, zusammenbrechen ohne Maske? Wann würde genau das Entfernen der Maske das Wichtigste sein, einen Heilungsprozess einleiten, eine Team-Krise beenden, mir selber Gesundheit bringen? Die Angst vor Kritik, vor Diskriminierung, vor Gruppenausschluss kann wirkliches Leben lähmen. «Und du fragst nie, wohin alles das gerät, was du niemals tun konntest? Wo bleibt dein ungelebtes Leben?» (Christa Wolf)

Jeder Mensch ist eine einmalige Persönlichkeit mit einer gewaltigen Fülle von Gaben und Entfaltungsmöglichkeiten. Ständig wechselnde, ständig neue Lebensumstände und ständig neue Alltagssituationen zwingen jeden Menschen zu einer Vielzahl von Spiel-, Handlungs- und Ausdrucksmöglichkeiten. Je flexibler, je anpassungsfähiger, je fliessender der Rollenwechsel, der Gesichtswechsel geschieht, desto weniger erstarrt der Mensch in ein und demselben Gesicht, in ein und immer derselben Maske.

Jeder Mensch ist wie eine gewaltige Orgel mit vielen Klangmöglichkeiten, also Dutzenden von Registern. Das ganze Leben lang (auch mit 30, 50, 90 Jahren) entdecke ich neue Register-Zusammenstellungen, neue Klangmöglichkeiten, neue Spiel-Varianten in meinem Lebens-, Geist- und Körper-Instrument. Es gibt fantasievolle, experimentierfreudige Lebensmusiker, ja direkt Lebenskünstler, die dauernd Neues kreieren. Es gibt fantasielosere, vielleicht eingeschüchterte Menschen, die jahrzehntelang auf einer zarten Orgel-Blockflöte musizieren. Wenn sie zufrieden sind: Herrlich! Wunderbar! – Wenn sie aber unglücklich sind? Wenn sie unter dem farblosen, eintönigen (!) Leben leiden? Wenn sie sogar krank werden?

«Vergrabe die Lebensfähigkeiten nicht! Nutze sie!» Das empfiehlt die Frohe Botschaft im Gleichnis von den Talenten. Ein guter Schauspieler wechselt in viele Rollen. Der vielfältige, der talentierte Mensch ebenfalls. Je mehr ich meine Lebensorgel einschränke, je mehr ich in den immer gleichen Handlungs- und Reaktionsmustern lebe, desto mehr wird mein Verhalten, mein Sein marionettenhaft, maskenhaft; desto mehr verarmt die äussere und innere Erscheinung. Der lebendige, wirklich lebende Mensch erstarrt nicht in den immer gleichen, immer langweiligen Rollen, Visagen, Fratzen, in den immer gleichen Masken und Gesichtern.

Die Geschichte spielt in einem friedlichen Dorf im Süden. In einem Haus wohnt seit vielen Jahren ein Mann. Er geht nicht mehr unter die Leute. Er wurde hart und missgünstig und traut ihnen nicht. Jeden Tag sitzt er auf dem Balkon, aber für das Leben um ihn herum ist er blind. Eines Tages fährt ein Gefährt mit einem Pferd vor das Haus. Eine Frau steigt aus, die schönste Frau, die der Mann je gesehen hat. Der Fuhrmann hilft ihr, Möbel in die obere Wohnung zu tragen. Der Mann ist berührt. Zum ersten Mal seit langer Zeit regt sich etwas in seinem Herzen. Er hätte die Frau gerne besucht, sie gesehen und sie kennengelernt. Aber mit seinem verbitterten Gesicht traut er sich das nicht. So geht er in die Stadt zu einem berühmten Maskenbildner und bestellt sich eine Maske von einem schönen, jungen Mann. Schon nach einer Woche ist diese fertig, und er kann sie abholen. Mit seinem neuen Gesicht steigt er nun hinauf, klopft an die Tür und stellt sich als Nachbar vor. Die Frau bittet ihn einzutreten. Sie trinken etwas zusammen und plaudern, und sie haben es gut zusammen. Sie sehen sich nun regelmässig und sind glücklich. – Eines Tages frühstücken sie zusammen auf dem Balkon. Da geht unten eine ältere Frau vorbei. Sie zeigt mit einem Finger auf den Mann und schreit: «Du bist ein Betrüger, mit deiner Maske! Du zeigst nicht dein wahres Gesicht!» – Der Mann rennt hinunter, um die unbequeme Klatschbase zum Schweigen zu bringen. Im gestenreichen Hin- und Herstreiten aber reisst ihm diese die Maske vom Gesicht. – Langsam schleicht der Mann die Treppe hinauf und versucht, in seine Wohnung hineinzuschlüpfen. Da überrascht ihn die Frau. «Das mit deiner Maske weiss ich schon lange, aber schau!» sagt sie und hält ihm einen Spiegel vor sein echtes Gesicht. Der Mann staunt über die Veränderung: Sein Gesicht ist noch immer nicht schön und jung, aber vor allem nicht mehr hart und verhärmt. Die Frau schaut ihm ins Gesicht und umarmt ihn: «Weisst du, so, so ohne Maske, so lieb ich dich!»

Der einsame, misstrauische Mann schliesst sich ab. Sogar auf dem Balkon übersieht er die Passanten auf der Strasse. Sicher, es ist immer bedrohlich, aus der Wohnung, aus einer bekannten Umgebung hinauszutreten, die üblichen Denkweisen, das Gelernte, das Bekannte aufzugeben. Ohne Aufbruch wird jeder Horizont eng, die Sichtweite begrenzt, das Leben je länger, desto eintöniger. Alles dreht sich dann nur noch im engsten Kreis. Nie mehr taucht etwas Neues auf, etwas Unerwartetes, Überraschendes, Spontanes, Lebendiges. Das Schlimmste: Die Herzen und Gesichter werden kalt, finster, verbittert.

Die fremde und schöne Frau verändert das Festgefahrene und Eingefrorene im einsamen Mann. Er wird aktiv, wünscht plötzlich Begegnung, Gespräche, also Menschlichkeit. Doch drückende Ängste kriechen hoch: Er könnte abgelehnt werden. Das ist nie angenehm. Nur strahlende Jugend, nur makellose Schönheit ist heute «in», ist erfolgversprechend. Mit viel Geld scheint Schönheit machbar.

Sehr schnell wird die Maske zum wirklichen Gesicht. Der Mann hat Erfolg damit. Wie in vielen Paarbeziehungen versteckt auch hier ein Teil seine düsteren, kalten, hässlichen Schattenseiten. Böse Ängste zwingen zum Theaterspielen: Das wahre Gesicht könnte das Ende der Traumbekanntschaft bringen. Dabei wären echte Ent-Täuschungen etwas Hilfreiches, Not-wendendes! Jeder Mensch trägt Masken. Etwa für den Chef,

die Arbeitskollegen, die Eltern, die Kinder, die Nachbarn, den Pfarrer, den Arzt, den Steuer-, den Bankbeamten. In der Politik sehen wir Masken, bei Beerdigungen, Parties, in der Kirche. Dieter Wiesmann singt in einem seiner Lieder davon. Auf die Frage «Wie geht's?» macht er seinen Seelenladen dicht, bringt Ordnung in das Gesicht. Er will nicht bei allen Menschen mit den eigenen Sorgen Mitleid erbetteln. Vielleicht würde sogar nur Schadenfreude dahinterstecken. Eine dauernde Ehrlichkeit übersteigt des Menschen Kräfte. Und so lüge er halt bei allen oberflächlichen Fragen oberflächlich zurück: «Es geht ausgezeichnet!» Nur bei einem bestimmten Menschen könne er spinnen, lachen, fluchen, eben ehrlich sein, also ohne Maske leben. Da finde er den Mut, die Wahrheit zu sagen: «Mir geht es miserabel!»

Jedes Theater endet einmal. Jede Fasnacht bringt Demaskierung. Jede Schauspieler-Beziehung kommt einmal zum letzten Akt. Mitten auf der Strasse, also in aller Öffentlichkeit, reisst eine gereifte Frau dem Theaterspieler die teure Maske vom Gesicht. Blossgestellt vor allen, auch vor der geliebten Nachbarin, will der schüchtern erwachte Mann schnell wieder in seine Schneckenhaus-Lebenszeit zurückschlüpfen.

Die Frau wusste es. Sie kannte die Maske. Sie durchschaute das Spiel schon längere Zeit. Aber sie demütigte den Partner nicht. Sie verstand. Sie wartete. Sie liebte. Wieviel unnötiges Leid bringen doch die Wahrheitsfanatiker und Privatdetektive! Sie durchwühlen die zentralsten Intimsphären und stellen sadistisch alle «Sünden» der Demaskierten ins Rampenlicht.

Der Spiegel enthüllt eine wunderbare Verwandlung: Unter der Maske hat die Liebe die Verbitterung weggezaubert. Die Lebensjahre sind geblieben. Die Jugend ist nicht zurückgekehrt. Aber die Herzenshärte ist weg. Die Frau kann den Überraschten umarmen: «So, ohne Maske, so liebe ich dich!»

Dem ersten USA-Präsidenten, George Washington, wurde ein Kandidat für ein Amt vorgestellt. «Nein», lehnte er bestimmt ab, «den nehmen wir nicht. Er hat ein hässliches Gesicht!» – «Deswegen soll doch ein Mensch nicht abgewiesen werden», protestierten die Mitarbeiter überrascht, «er kann wahrscheinlich nichts dafür.» «Doch», meinte der Präsident genauso bestimmt wie vorher, «jeder Mensch über 40 ist für sein Gesicht verantwortlich!»

Kenne ich meine eigenen Gesichter?
Kenne ich die Masken, die ich der Welt gegenüber aufsetze?
Kenne ich mein Sonntagsgesicht? mein Arbeitsgesicht? mein Freizeitgesicht? mein Freudengesicht? mein Leidensgesicht? mein Lustgesicht? mein Kindergesicht? mein Erwachsenengesicht? mein Liebesgesicht? mein Hassgesicht? mein Angstgesicht? mein Glücksgesicht? mein Kraftgesicht? mein Zärtlichkeitsgesicht?
Wie gehe ich mit meinen Masken um? Wie gehst du mit meinen Masken um?
Kenne ich deine Gesichter?
Kenne ich deine Masken, die du der Welt gegenüber zeigst?
Kenne ich dein Sonntagsgesicht? dein Arbeitsgesicht? dein Freizeitgesicht? dein Freudengesicht? dein Leidensgesicht? dein Lustgesicht? dein Kindergesicht? dein Erwachsenengesicht? dein Liebesgesicht? dein Hassgesicht? dein Angstgesicht? dein Glücksgesicht? dein Kraftgesicht? dein Zärtlichkeitsgesicht?
Wie gehst du mit deinen Masken um? Wie gehe ich mit deinen Masken um? (WR)

♡

Vögel

Auf einmal hing ein grosser, altmodischer Vogelkäfig an einem Baum im Wald. Die Waldvögel kamen, um ihre eingesperrten Kollegen zu sehen. Der Sperber spottete: «Da hat einer einen krummen Schnabel und frisst nur Nüsse!» – «Da hockt wahrhaftig ein Roter drin. Gut, dass er schon sitzt, man muss ihm nur noch den Schnabel zumachen», schimpfte der Gimpel. «Dort streiten sogar zwei; ich dachte, Käfigvögel tun das nie», zeterte der Spatz. Dann fingen die Waldvögel an, die armen Käfigvögel zu bedauern. «Lassen wir sie hinaus», rief einer und wollte schon das Gittertürlein öffnen. «Halt!» schrie da der Gimpel, «die bleiben besser drin!» «Pass auf, das ist eine Falle», warnte die Krähe. Der Fink konnte es nicht lassen; er musste den Kopf hineinstrecken. Da machte er aber ein komisches Gesicht: Der Käfig war leer, nur hatte es hinter dem Gitter rundum Spiegel-Glasscheiben. (Hans R. Meier)

Unbekannte Last

Du weisst nicht,
wie schwer die Last ist,
die du nicht trägst.
(Afrika)

Leben

Nicht die Tage in meinem Leben sind wichtig,
sondern das Leben in meinen Tagen.

Arbeit

Ich lebe nicht,
um zu arbeiten, –
sondern ich arbeite,
um zu leben.

Freigeben

If you love something set it free!
If it comes back it is yours!
If it doesn't it never was!

Lasst mich

Lasst mich so sein, wie ich bin,
und zwingt mich nicht,
so zu werden, wie ihr mich haben wollt.
(Schülerin, 17)

Ich öffne mich

Viele Menschen sind Eigenbrötler, Einzelgänger, ausgeprägte Individualisten und Egoisten. Unser persönliches Wohl und Heil, unser persönliches Glück liegt uns hautnah. Jedenfalls sehr viel näher am Herzen als das Schicksal anderer. «Jedem das Seine und mir ein bisschen mehr!» – «So achtet jetzt weit und breit jedermann nur auf das, was sein ist, was er sich nach seinem Recht erlauben darf. Er achtet aber nicht auf das, was er den andern schuldet, und was beiden frommt.» (Martin Luther).

Erstaunlich, wie der deutsche Reformator sein 16. Jahrhundert kommentiert! Es ist heute genauso! Die Ich-Zentriertheit prägt auch viele Menschen um die zweite Jahrtausendwende. Ganze Volksgruppen denken so. Hinter völkischem und religiösem Fanatismus steckt prompt das Nur-Ich. Viele Wirtschaftszweige und Psychotherapien arbeiten so. Viele Schlagworte und Werbegags reden so. Sogar hinter viel Anbetung des heilbringenden Konsums steht ein sinnloses Nur-Ich.

«Wir sind glücklich, wenn unsere Wünsche erfüllt werden, oder wenn wir haben, was wir wollen.» (Erich Fromm). Der Volksmund sagt: Jeder Mensch ist sich selbst der Nächste! Wir lieben jene Mitmenschen, die so denken wie wir, die unsere Innenstruktur bestätigen, die unser persönliches Glück vergrössern. Jeder weiss für sich, was richtig oder falsch ist. Und richtig ist vor allem das, was mir den meisten persönlichen oder klingenden Gewinn bringt. «Jeder Mensch schafft sich seinen Kreis, damit er irgendwo im Zentrum steht.» (René Regenass).

Es ist irgendwie typisch, dass wir uns von Menschen mit anderm Denken, andern Massstäben, anderer Herkunft, anderen Standes distanzieren. «Mich reut es, mich mit solchen Leuten und solchen Ideen auseinanderzusetzen.» Die Folgen solcher Ausgrenzungen sind Horizontverengungen. Der sich selbst einigelnde Mensch wird noch weniger dubezogen, noch ich-zentrierter. Erschütternd viele Zeitprobleme haben ihre Ursachen in dieser Kontaktunfähigkeit und Abschottung. Total «selbstentfaltete Gestalten» sind nicht mehr beziehungsfähig, sind unfähig, eine gesunde Partnerschaft zu leben. Sichtbare Störungen kommen dazu: Depressionen, Flucht in Süchte, kränkelndes Alleinsein, fragwürdige religiöse Beheimatung, psychosomatische Leiden.

«Wer nur Interesse für seine berufliche Karriere aufbringt, keine Kosten und Mühen scheut, um seinen Körper, sein ‹Outfit›, seine Wohnung zu stylen, der ist rund um die Uhr ‹ausgelastet› und hat keine Energie mehr übrig, sich um die wirklich drängenden Probleme unserer Zeit zu kümmern. Es scheint fast, als wäre die frühere Herrschaft von Staat und Kirche über das Individuum heute abgelöst durch die Tyrannei eines Wirtschaftssystems, das den einzelnen Menschen geradezu zu egoistischem Denken und Handeln konditioniert.» (Ursula Nuber).

Es gibt im Alten Testament den Begriff «Zedekah». Keiner hat zentralere Bedeutung für alle Lebensbeziehungen des Menschen. «Zedekah» meint «Gerechtigkeit», «Rechtschaffenheit», meint also gerechte Beziehung zu Gott, zu uns selbst, zu Mitmenschen, zur übrigen Schöpfung. Diese Gerechtigkeit und Rechtschaffenheit soll die belanglosen Streitereien unter den Menschen genau so regeln wie ihr Verhältnis zu Natur und Umwelt. Sie sind der höchste Lebenswert. Auf ihnen ruht alles Leben. Beziehungen in Gerechtigkeit und Rechtschaffenheit geben wirklichen Frieden, geben Schalom. Was heisst das? Freude entsteht nicht daraus, dass wir nie Schmerzen haben oder sogar andern Schmerzen zufügen. Freude, Friede, Schalom, Rechtschaffenheit entstehen dadurch, dass wir unsere Schmerzen und die Schmerzen anderer Menschen abbauen, verkleinern, er-tragbar machen. Freude erleben wir dann, wenn wir uns eine Freude bereiten und wenn wir andern Menschen eine Freude bereiten.

Der Zürcher Therapeut Jürg Willi nennt die Eigenliebe, die Ich-Entfaltung eine wichtige Lebensphase. Aber sie sollte ein Durchgangsstadium sein. Zu viele Menschen sind hocken geblieben auf dieser Lebens-Wegstrecke, in diesem Durchgangsstadium. Sie sind ausgezogen, den Sinn ihres Lebens zu suchen. Wunderbar! Aber sie sind auf der egozentrischen Entwicklungsstufe stehen geblieben. Sie verharren im Rückzug, in der Verweigerung, der Abkapselung, der Abgrenzung. Sie haben sich da bequem, ja scheinbar häuslich eingerichtet.

«Der Mensch braucht für ein gesundes Leben mitmenschliche Beziehungen. Es müssen Mitmenschen da sein, die Interesse an einem haben, die einem antworten, die auf unser Wirken eingehen. Wir können vom ‹Bedürfnis nach beantwortetem Wirken› sprechen. Gegenseitiges Interesse entspringt in der Regel gemeinsamen Zielen. Man will miteinander in einen Prozess eintreten, miteinander etwas bewirken in der Zusammenarbeit oder im Zusammenleben. Die Familie wäre der ideale Ort, um gemeinschaftliches Verhalten zu erfahren und zu lernen.» (Jürg Willi).

Das ist es! Nichts Neues unter der Sonne. Aber doch immer wieder nötig: Jeder Mensch braucht ein Du. Die Ich-Findung ist Voraussetzung für die Du-Begegnung. Wer sich kennt, kann andere kennen lernen. Wer sich immer wieder studiert und entdeckt, kann andere studieren und entdecken. Wer die eigenen Bedürfnisse lebt, kann auf die Bedürfnisse der andern achten. Wer in sich selbst hineinhört, kann auch auf die Stimmen anderer Menschen hören.

«Der Mensch muss das Kunststück vollbringen, seine eigenen Bedürfnisse zu leben und gleichzeitig die Bedürfnisse der andern nicht ausser acht zu lassen, auf andere Menschen eingehen zu können und doch die eigene Persönlichkeit zu bewahren.» (Emma Goldmann).

Alle Extreme sind falsch. Der reine Ego-Trip und die Selbstaufgabe. Der Ich-Kult ist Sackgasse; und das Aufopfern ist Sackgasse. Die reine Selbstverwirklichung macht einsam und unzufrieden. Die totale Hinwendung und Selbstaufopferung an einen Menschen oder eine Sache genauso.

«Reiner Egoismus ist ebenso krankhaft wie totale Selbstaufgabe. Beide zerstören Menschen, mich selbst oder den anderen, in Wirklichkeit natürlich sogar uns beide.» (Ruth Cohn).

Es geht um den Ausgleich. Es geht um die Balance. Es geht um den goldenen Mittelweg. Und es bleibt eine Aufgabe für unser ganzes Leben. Immer wieder kippt mal die Waage auf die eine oder die andere Seite. Ist egal. Macht nichts, wenn der Ausgleich, die Korrektur kommt. Jeder Mensch muss selber merken, wann sein Alltagsleben einseitig wird. Und er muss korrigieren. Jetzt brauche ich z.B. mehr Zeit für mich, keine Besuche; und jetzt will ich wieder hinaus aus dem Schneckenhaus. Jetzt brauche ich einige Tage allein Ferien; und jetzt wieder mit dem Partner. Jetzt will ich schweigen, in mich hineingehen; und jetzt muss ich reden, muss ich fröhliche oder themenzentrierte Gesprächsrunden mit komplett anders lebenden und anders denkenden Menschen pflegen. Jetzt geniesse ich «meine vier Wände»; und jetzt muss ich «raus aus dem goldenen Käfig».

«Er wollte tief sein Ich geniessen.
Beschloss darum sich abzuschliessen.
Auf einmal merkte er verdrossen,
er hatte schnell sich ausgenossen.
Sein ohne Du gelebtes Ich
war doch wohl etwas kümmerlich.»
(Eugen Roth)

Darum folgen jetzt in diesem Buch, nach den zehn Ich-Kapiteln, logischerweise im zweiten Teil zehn Ich-und-Du-Kapitel.

Eine Aufgabe

Eine grosse Trockenheit war über das Land gekommen. Zuerst war das Gras braun und grau geworden. Dann starben Büsche und kleinere Bäume. Kein Regen fiel, der Morgen erwachte ohne die Erfrischungen des Taus. Die Tiere waren in grosser Anzahl verdurstet, denn nur wenige hatten noch die Kraft gehabt, aus dieser Wüste zu fliehen. Die Trockenheit dauerte an. Selbst die stärksten, ältesten Bäume, deren Wurzeln bis tief in die Erde reichten, verloren ihre Blätter. Alle Brunnen und Flüsse, die Quellen und Bäche waren vertrocknet.

Eine einzige Blume war am Leben geblieben, denn eine ganz kleine Quelle gab noch ein paar Tropfen Wasser. Doch die Quelle war am Verzweifeln: «Alles vertrocknet und verdurstet und stirbt. Ich kann doch daran nichts ändern. Wozu soll es noch sinnvoll sein, dass ich die paar Tropfen aus der Erde hole und auf den Boden fallen lasse?» Ein alter, kräftiger Baum stand in der Nähe. Er hörte die Klage und sagte noch zur Quelle, bevor er starb: «Niemand erwartet von dir, die ganze Wüste zum Grünen zu bringen. Deine Aufgabe ist es, einer Blume Leben zu geben. Mehr nicht.»

(Afrika)

Beziehungen bringen Freuden und Ent-Täuschungen

Alle Menschen suchen Gemeinschaft. Auch der Alleinlebende. Alle brauchen Beziehungen, Einladungen, Gedankenaustausch, Bestätigung, Annahme, geteilte Freude, geteiltes Leid.

Viele Menschen wünschen eine «feste Beziehung», die Ehe, eine Familie. Sogar über 60% der Geschiedenen, also die Verletzten und Verwundeten, heiraten ein zweites Mal. Der Wunsch nach dem Angenommensein ist gross: «Ich möchte einfach einen Menschen, der mit mir lebt. Ich möchte akzeptiert werden. Ich suche jemanden, der mich versteht, der mich liebt!»

Da ist darum eine grosse Sehnsucht nach Harmonie, nach ewigem Frieden, nach paradiesischen Zuständen. «Ich werde immer für meinen Partner da sein. Er immer für mich. Wir werden immer beieinandersein. Wir werden nie so zanken und keifen wie unsere Eltern. Wir werden niemals auseinandergehen. Wir lieben uns ewig. Der Partner wird all meine Wünsche erfüllen. Er gehört zu mir, ich bin sein. Er ist mein!»

Dabei sind die Menschen verschieden. Das ist das Normalste auf der Welt. Und doch übersehen es viele. Da sind zwei verschiedene Herkunftsfamilien, verschiedene Biografien, verschiedene Gewohnheiten, Freundeskreise, Sympathien, Antipathien, Wertvorstellungen. Es gibt unterschiedliche Gefühle, Wünsche, Temperamente, Interessen. Dass der Partner anders denkt, anders fühlt, ist kein Angriff gegen mich. Zu den Widersprüchen zwischen dir und mir kommen jene, die in mir selber stecken: Mal wünsche ich deine Nähe, dann wieder Distanz. Mal schätze ich es, wenn du organisierst, dann wieder möchte ich es tun. Mal sage ich Ja, dann wieder Nein. Diese Widersprüche machen jedes Zusammenleben schwer.

Gegensätze ziehen sich an. Und zwar bewusst und unbewusst. Vieles ist ja noch heute rätselhaft, was bei einer Partnerfindung abläuft, wie sich Paare finden. Der Exakte findet Spass am Unsorgfältigen, der Gesprächige am Ruhigen, der Extravertierte am Introvertierten, der Frühaufsteher am Morgenmuffel, der Frühinsbettgeher am Nachtmenschen, der Sparsame trifft den Grosszügigen, der Kontaktfreudige den Einzelgänger usw. Das ist eigentlich eine Katastrophe, ein psychologischer Unsinn. Das muss ja zu Auseinandersetzungen, zu Meinungsverschiedenheiten führen.

Die Rose ist die Symbolblume für die Liebe. Nicht die Sonnenblume. Nicht das Vergissmeinnicht. Nicht das Immergrün. Nicht die Gladiole. Nein, die Rose. Sie hat wunderbar duftende, zarte, sich langsam öffnende Blüten. Aber auch kräftige, wehmachende Dornen. Das heisst doch: In der Liebe gibt es auch Leid, Schmerzen, Unverständliches, Trennendes. Oft werden diese Dornen im ersten Liebestaumel übersehen. Schmerzende Gegensätze werden versteckt. «Ich will keinen Krach. Ich liebe den Frieden. So gebe ich halt nach, schlucke hinunter und übersehe das Störende.» Scheinbar herrscht Friede. Scheinbar ist Harmonie. Aber es ist eine Scheinharmonie. Scheinbar entstehen positive Kompromisse. Aber es sind faule Kompromisse, d.h. ein Partner bleibt unzufrieden, fühlt sich verletzt, hegt Rachegedanken, denkt an Revanche bei nächster Gelegenheit.

Alle Beziehungen bringen Ent-Täuschungen. Diese sind unangenehm. Aber sie wecken mich auf. Sie zeigen mir, dass ich in einer Täuschung gelebt habe. Jedes Leben bringt solche unangenehmen, aber heilsamen Des-Illusionierungen. Irgendwann verfliegen die Träume. Irgendwann erwacht jeder Schlafende. Irgendwann gehen allen neugeborenen Kätzchen die Augen auf. Ein gesunder Mensch wehrt sich. Verschiedene Ansichten und Meinungen prallen aufeinander. Das natürliche Spiel von Nachgeben und Sich-Durchsetzen beginnt. Anpassung und Widerstand. Konflikte bringen das Suchen nach guten Kompromissen. Konflikte gehören zum Leben. Nicht die Konflikte machen uns krank, sondern ihre Verdrängung. Nicht die Konflikte sind ein Alarmzeichen, sondern ihr Fehlen.

Probleme entstehen genau an dem Punkt, wo etwas in mir wachsen möchte, wo der Wunsch nach Veränderung auftaucht. Probleme sind sehr unangenehm, doch unvermeidbar. Skifahren lernt niemand, ohne umzufallen. Jeder Lehrling macht Fehler. Jede Beziehung ist eine Lebensschulung, kein Ferienplausch. Selbsterkenntnis, Reifung, Wachstum ist die Lebensaufgabe jeder Persönlichkeit. Jeder Mensch soll sich weiterentwickeln, soll Neues lernen, verborgene Talente freilegen. Jedoch nie auf Kosten des andern. Wachstum braucht Zeit. Ich lerne mit der Zeit, mich ehrlich zu äussern. Ich wage mich zu geben, wie ich bin. Ich zeige sogar meine dunklen Seiten. Und ich wage Wahrnehmungen. Ich will meine wichtigen Beziehungspartner «wahrnehmen». Das heisst: Ich will sie sehen, hüten, schützen, mit meinen fünf Sinnen umgeben.

Natürlich kann jeder Mensch unbequemen Auseinandersetzungen ausweichen. Etwa dem Partner die Schuld zuschieben. Oder resignieren: Mit dir kann man nicht reden! Sogar Sündenböcke lassen sich immer finden: Dein Vater war schon jähzornig! Du bist aus der Beziehung ausgebrochen! Auch die Flucht vor mühsamen Gesprächen kennen wir: (zu)viel arbeiten, immer haushalten, krank werden, Drogen konsumieren, verstummen, schmollen. Jede gesunde Beziehung bringt immer wieder Konflikte. Ich lebe mit Konflikten. Ich wachse und reife an Konflikten.

Ich wollte dich nicht verlieren und bemühte mich,
immer nett, immer verständnisvoll, immer attraktiv für dich,
immer an dir interessiert zu sein.
Dabei verlor ich mich.
(Kristiane Allert-Wybranietz)

Hochzeitstag

Sie herzlich: «Wie wär's mit eme Müntschi? Mir sind hütt zää Johr ghüroote!» Er, etwas weniger herzlich: «Miinetwäge. Aber nid dass du jetzt alli zää Johr e sones Gschtürm machsch!»
(Hochdeutsch: Eine Frau fragte herzlich: «Wie wäre es mit einem Küsschen? Wir sind heute zehn Jahre verheiratet!» Der Mann antwortet weniger herzlich: «Einverstanden. Aber nur dann, wenn du mich nicht alle zehn Jahre so bedrängst!»)

Partnerschaft

- Du bist du – ich bin ich: Wir sind zwei verschiedene Leute.
- Es ist wichtig, dass wir unsere Verschiedenheit sehen.
- Für unsere Partnerschaft sind wir beide gleich wichtig.
- Ein zu frühes «Wir» ist gefährlich und trauriger als ein zu spätes.
- Ein «Wir», das nicht zustande kommt, ist mitunter eine Realität.
- Kommunikation kann ich lernen.
- Keiner von uns gehört dem andern.
- Wir gehören zusammen.
- Partnerschaftskrisen sind nicht die Ausnahme, sondern die Regel.
- Wer in unserer Partnerschaft welche Rolle spielt, bestimmen wir, nicht andere.

(WR)

Beziehungen brauchen Gespräche

Reden heisst hören! Reden heisst zuhören! Hören heisst zuerst schweigen! Darum hat jeder Mensch zwei Ohren am Kopf. Und nur einen Mund. Nicht umgekehrt. Hören ist doppelt so wichtig wie reden. Hören heisst den Mund schliessen und beide Ohren auf den Sender richten. Höre ich wirklich, was der andere Mensch mir sagt?

Hören heisst abschalten! Wenn mich ein zweiter Sender fesselt, kann ich nicht zuhören. Das kann ein Fernsehprogramm sein: Wenn ich darauf achte, höre ich dem sprechenden Menschen neben mir nicht zu. Das kann meine innere Stimme sein: Wenn mich ein Problem bedrückt, wenn mich belastende Erlebnisse schockieren, dann bin ich nicht richtig da. Eine 74jährige Witwe erzählte: «Der Pfarrer war schon da, aber eigentlich war er nicht da, sondern im anschliessenden Konfirmanden-Unterricht!» Er war also nur äusserlich da, innerlich abwesend. Er sorgte sich auf die mühsamen Konfirmanden. Genau das spürte die feinfühlende Gesprächspartnerin.

Aktiv zuhören! Die Gordon-Kursleute prägten diesen Ausdruck. Sie meinen damit: voll da, voll präsent sein, eventuell Rückfragen stellen, nicht sofort Lösungen liefern. Etwa: «Aha, das war sicher schwer für dich! Was hast du dann getan? Wie ging es weiter?»

Gespräche benötigen den richtigen Zeitpunkt! Es gibt ungeschickte Momente für zentrale, offene, persönliche Gespräche. Etwa, wenn Dritte anwesend sind, wenn die Zeit knapp wird, wenn die Betroffenen körperlich sehr müde sind. Wir lernen vor allem aus Fehlern. Wann ist es nicht günstig? Wann günstig? In der Sprechstunde meinte eine Frau schmunzelnd: «Wenn mein Mann in der Badewanne döst. Das ist günstig. Da hüpft er mir nicht davon. Da kann er prima zuhören!»

Hören heisst meine Meinung zurückhalten! Wir predigen alle gerne. Wir haben ja auch unsere Erfahrungen, unsere Ansichten und (ganz besonders) unsere Wertvorstellungen. Wie schnell überfahren, übergehen wir den anderen Menschen damit, etwa mit (sooo gut gemeinten) Rat-Schlägen. Er wird aber dadurch nur blockiert, schockiert, frustriert. Er stellt ab. Also genau das, was wir eigentlich nicht wollten. Schade, schon wieder habe ich eine persönliche Begegnung, eine tolle Horizont-Erweiterung vermasselt! Nicht nur meine Ansicht (von Moral, Normen, Bibelstellen) ist die richtige.

Hören hat mit Schallwellen zu tun! Da sind die Tonhöhe, die Lautstärke, das Tempo, die Nebengeräusche. In der Regel achten wir im Lärmdurcheinander auf die lauteste Tonquelle: die Autohupe, den brüllenden Erstklässler. Den leidenden Beziehungspartner übersehen wir. Er brüllt halt nicht mehr wie ein Schulkind. Soll er es tun? Wäre es Notwendend? In der UNO-Vollversammlung schlug einmal ein russischer Politiker mit einem Schuh aufs Rednerpult: O Wunder, da hörten alle zu!

Hören heisst auch sehen! Sehen, was der andere Mensch nonverbal, also ohne Worte, sagt. Sein Körper redet, seine Kleider, der Geruch, der Gang, die Hände, seine Atmung. Mindestens sieben starke Empfindungen sind im Gesicht ablesbar: Erstaunen, Glück, Furcht, Traurigkeit, Wut, Interesse, Ekel. Sehe ich Aufmerksamkeiten, Einladungen, Abwehrreaktionen, Zärtlichkeiten?

Hören ist Einfühlungsvermögen! Der andere Mensch spürt mein Mitgehen, mein Miterleben, meine Anteilnahme. Er spürt, dass ich genug Zeit habe, sie mir nehme. Unerwartet lange Gespräche verschieben wir auf einen neuen Zeitpunkt. Der Redner spürt, dass ich Hörer ihm nicht nur Nähe gebe, sondern auch Abstand, Respekt vor seiner Intimsphäre. Ich Zuhörer achte des Redners Person. Er steht in einem Problemlösungsprozess. Ich begleite ihn. Er sucht. Er findet. Er geht seinen Weg. Nicht ich. Von Momo sagt ihr Erfinder, der Dichter Michael Ende, sie habe die Gabe des Zuhörens gehabt. Die Menschen konnten ihr alles sagen. Ohne Worte hörte sie zu. Und dieses Zuhören war so heilsam, so wirkungsvoll, dass die Ratsuchenden selber Lösungen fanden, neue Wege entdeckten, Hoffnung schöpften.

Hören ist Annahme! Annahme heisst den anderen Menschen so nehmen, wie er ist und wie er sich ändert. Nicht so, wie ich ihn haben möchte, wie ich ihn (um-)erziehen möchte. Annahme ist Liebe. Zuhören ist Liebe. Wahrnehmen ist Liebe. Wohlwollen ist Liebe.

Bedürfnisse ausdrücken! Etwa: Umarme mich! Ich würde gerne einen Spaziergang machen! Ich mag es, wenn du mein Haar streichelst, mir die Schultern massierst! Ich liebe Meeresfrüchte nicht! Mich ärgern sadistische Menschen! Mich macht es traurig, wenn du immer zu spät kommst! Ich liebe zärtliches Streicheln, zärtliche Aufmerksamkeit, zärtliche Worte!

Alle Paare wünschen eine lange Beziehung. Genau dafür sind aber solche Klärungen lebenswichtig. Wahrscheinlich lassen sich in offenen Aussprachen überall gute Kompromisse finden. Gut heisst: Da sind alle überzeugt von der gefundenen Lösung. Schrecklich für Paare und Familien wird es dort, wo aus Angst vor dem Nein, aus Angst vor der Absage keine Bedürfnisse mehr geäussert werden. Da gähnt dann die Beziehungs-Leere. Da kommt Langeweile. Da lauert die Gefahr des Aneinander-vorbei-Lebens.

Die oft zitierte Goldene-Hochzeit-Geschichte ist typisch: Am 50. Ehejubiläum serviert die Gattin Blumenkohl. Aber o Schreck, der Mann jubelt nicht! Er schreit auf: «Nein, nicht auch noch an diesem Tag! 50 Jahre lang habe ich jetzt dir zuliebe diesen Kohl hinuntergewürgt!» Doch hier ist die tragische Geschichte noch nicht zu Ende. Die geschockte Frau lässt den vermeintlichen Festtagsschmaus fallen. Und gleich schockiert sie auch ihren Mann: «Was, du magst das Zeug nicht? Ich doch auch nicht. Aber dir zuliebe habe ich es immer wieder gekocht!» – Traurig. Aber durchaus realistisch. Eine klare Wunschäusserung hätte geklärt. Aber dies geschah nie. Im Gegenteil: Jeder drückte, «dem Partner zuliebe», die ungeliebte Speise in den Hals. Viele Ehejahre lang. Warum auch?

Sicher, es gibt viel, viel Schlimmeres: Warum schlucken wir ungeliebte seelische «Esswaren» ebenfalls widerstands- und kommentarlos? Also: Lieblosigkeiten, Rücksichtslosigkeiten, Unachtsamkeiten, Beleidigungen, Entmutigungen, Gemeinheiten, Nachlässigkeiten, Verletzungen? Warum reden wir nicht? Warum wehren wir uns nicht?

Wenigstens die uns nächsten Menschen sollten uns doch kennen. Erwarten wir fälschlicherweise. So ein Unsinn! Niemand kann Gedanken lesen. Zum Glück. Die totalitären Staaten wären noch so froh, wenn sie dies beherrschten. Alle Menschen müssen reden. Mit Worten. Vielleicht mal mit Gesten. Wir müssen formulieren: Koche weniger Blumenkohl! Ich möchte noch ins Freie spazieren! Kauf doch etwas Reizwäsche! Umarme mich! – Dialoge sind nötig.

Da entsteht in einer Schweizerküche ein nigelnagelneues Menü. Mit enormem Einsatz zubereitet. Zwei Stunden Arbeit. Jetzt folgt der Service mit Zittern und Bangen: Wie wird es wohl ankommen? Was werden die Lieben sagen? – Nichts. In 10 Minuten ist alles weg. Echos gibt es prinzipiell nur, wenn etwas schlecht und missraten ist. Was tun? Leiden? – Nein, ganz einfach fragen, bitten: «Wie ist das neue Menü? Schmeckt es euch? Soll ich es wieder einmal machen?» Solch klärende Gespräche sind immer besser als schwüle Unklarheiten. Sogar unangenehme Wahrheiten sind besser als angenehme Illusionen, sagte einmal John F. Kennedy. Oder der weise Salomo vor 3000 Jahren: «Besser ist Tadel, der offen sich ausspricht, als Liebe, die schweigt!» Ein Eitergeschwür am Körper wird angeschnitten oder platzt selber auf. Ein Seelengeschwür im

Körper wird angeschnitten oder platzt selber auf. Der gelbe Eiter, der Ärger, die Unzufriedenheit sollen heraus. So ist Heilung möglich.

Jeder Mensch möchte den andern verstehen (aktiv). Und jeder möchte vom andern verstanden werden (passiv). «Sich mitzuteilen ist Natur. Mitgeteiltes aufzunehmen, wie es geboten wird, ist Bildung.» (Goethe). Jeder Mensch will andere wahrnehmen und verstehen. Jeder Mensch will von andern wahrgenommen und verstanden werden. Und zwar nicht nur oberflächlich, so von aussen, sondern auch ungefiltert von innen. Dazu gehören offene Augen und Ohren, gehört Einfühlungsvermögen. Je umfassender ich den Gesprächspartner wahrnehme, desto besser verstehe ich ihn. Je mutiger ich das Frage-und-Antwort-Pingpong wage, desto lebendiger wird der Dialog. Die Seelen schwingen dann mit. «Das war ein spannendes Gespräch», sagen solche Leute, «die Zeit verging im Nu!» Der Start mit Oberflächlichkeiten ist denkbar: Wetter, Politik, Geschäfte, Militär, Sport, Geld, Reisen, Unglücksfälle, Verbrechen. Das sind alles Dinge, die auch in der Zeitung stehen. Solch unpersönliche Plaudereien sind nicht nur negativ. Sie bringen nette Gesprächs-Einstiegsmöglichkeiten. Vielleicht sind sie notwendige Distanz-

halter. Es gibt sogar Menschen, die ohne innere Schwierigkeiten lange Zeit mit solch unpersönlichem Blabla-Austausch leben können. Scheinbar fühlen sie sich wohl. Aber ihr Inneres bleibt leer, schal, unzufrieden. «Wir haben wieder viel geredet», sagen solche Leute, «aber es war langweilig. Mich reut die Zeit!»

Eine Beziehung lebt von der Kommunikation. Und zwar gehören verschiedene Sprachen dazu. Mit Sprachen meine ich alle Formen der Mitteilung, auch das «Reden ohne Worte». Also: Zärtlichkeiten, Kleidung, Gang, Gesten, Geschenke, Erlebnisse, Aufmerksamkeiten, Essen, Tanz, Spielen usw. Nicht alle diese nonverbalen Äusserungen werden vom Partner richtig gedeutet. Die Sprache muss dazukommen. Sie kann im allgemeinen am eindeutigsten Gefühle, Wünsche und Gedanken weitergeben. Eine Beziehung ohne Gespräche gibt es nicht. «Man kann nicht nichtkommunizieren!» (Paul Watzlawick). Das Miteinander-reden-Können lernen wir das ganze Leben lang. Und immer wieder erleben wir Unverstandenes: «Jetzt habe ich es doch erklärt, hast du es nicht begriffen? Wieso hörst du mir denn nicht zu, wenn ich etwas sage?» Das offene, ehrliche Gespräch ist der Lebensnerv jeder Beziehung! Auch jeder sexuellen Beziehung! Denn auch in der Sexualität muss jedes Paar immer wieder diskutieren und suchen, was jetzt hilft, was wichtig ist, was stört, was nebensächlich ist, was wehtut!

Sind Missverständnisse vermeidbar? Sicher nicht. Aber das direkte Zurückfragen, das offene «Feedbacken» lohnt sich: «Siehst du das auch so? Was meinst du dazu?» – Sollen verschlüsselte Botschaften gepflegt werden? Sicher nicht. Statt: «Jetzt habe ich beim Abwaschen einen solchen Lärm gemacht, dass er es doch sicher merken sollte», besser: «Kannst du mir helfen?» – Ist eine Einigkeit in Wertvorstellungen, in Erziehungsprinzipien möglich? Sicher nicht immer. Jedes Ereignis lässt sich von verschiedenen Seiten betrachten. Jedes Lebensprinzip hat Vor- und Nachteile. Niemand besitzt die absolute Wahrheit. Auch ich nicht. – Sollen peinliche, kritische, aggressive Gesprächsinhalte umgangen werden? Sicher nicht. Sie lösen vielleicht etwas aus, einen Disput, ein Explosiönchen, ein Donnerwetter. Macht nichts. Lieber einmal Gewitter, Krach und Blitze in einer Beziehung, als immer die drückende Schwüle und quälende Ungewissheit.

«Wo der Mund schweigt, da schreien die Organe» (C.G.Jung). Wer nicht mehr redet, wer sämtliche Probleme und Sorgen «in sich hineinfrisst», wer nur noch weint oder schreit, statt ehrlich zu reden, der wird krank. Da reden dann Migräne, Magengeschwüre, Gallensteine. Darüber lässt sich dann bequem jammern und Tabletten schlucken. Dabei sind das nur Signale, Warnungen. Dahinter stecken Beziehungs-Probleme. Und genau diese müssten geklärt, verbessert, verändert werden.

Wenn in kranken Beziehungen zu wenig miteinander gesprochen wird, entwickeln sich keine gemeinsamen Ansichten mehr. Der Abstand zwischen den Partnern vergrössert sich, der Graben vertieft sich. Wenn die Gespräche rar werden, empfangen die Beteiligten immer weniger Anregungen, immer weniger Impulse für das eigene Denken und Handeln. Der Beziehungsfaden wird immer dünner. Plötzlich reisst er entzwei. Wenn die «Sprachlosigkeit» in eine Beziehung einzieht, dann ist diese Beziehung in ihren Grundfesten ernsthaft gefährdet.

«Mein Mann hat den Fernseher geheiratet, nicht mich. Es erstaunt mich, dass er dem noch keinen Kuss gibt, wenn er abends heimkommt. Ich dachte anfänglich, wir passen prima zusammen. Aber der gemeinsame Ehealltag ist doch ganz anders, als ich es erwartete. Mein Mann ist kein Freund von grossen Worten. Er ist ein Schweiger. Er spricht so wenig, dass mein ganzes Leben darunter leidet. Manchmal denke ich, der lebt überhaupt nicht. Eine Felswand gibt doch wenigstens ein Echo.»

Gespräche sind hie und da mühsam, aber sie bereichern, sie stabilisieren Beziehungen. Dank Gesprächen zerplatzen unnötige Sorgen und Ängste wie Luftballone. Widersprüche können geklärt oder zumindest deutlich gemacht werden. Gespräche bringen Neues, machen neugierig, löschen den Wissensdurst, geben Kitt und Halt in eine Beziehung. In schweren Lebensstunden vermitteln Gespräche mutmachenden Trost, heilen seelische Krankheiten. Das Gespräch ist der Lebensnerv jeder Beziehung!

Selbst-Besinnung

- Auf welcher Lebens-Wegstrecke stehe ich?
- Was hat mich in den zurückliegenden Lebensjahren besonders geprägt?
- Wie stehe ich heute zu dem, was ich früher einmal wollte?
- Was habe ich vertan, verpasst?
- Was kann ich nicht mehr ändern?
- Wie finde ich Frieden mit dem Versäumten, Unveränderbaren?
- Was will ich heute in meinem Leben für die Zukunft ändern?
- Was möchte ich gerne noch erreichen, versuchen, ausprobieren?
- Welchen Preis zahle ich, wenn ich auf diese Zukunfts- und Lebens-Wünsche verzichte, also unverändert weiterlebe?
- Was und wen brauche ich für die nächsten 5–10 Jahre?

Gespräche

- Taten sprechen lauter als Worte.
- Der Körper lügt nicht.
- Nonverbale Kommunikation ist mächtiger als verbale.
- Worte können Situationen, Meinungen differenziert darstellen.
- Verschlüsselte Botschaften schaffen Unklarheiten.
- Ich-Botschaften verletzen weniger als Du-Botschaften.
- Ironie ist plötzlich nicht mehr lustig.
- Überprüfende Fragen vermeiden falsche Annahmen.
- Ewiges Nörgeln weckt «Zleid»- und Hassgefühle.
- Humor ist etwas Wunderbares, Befreiendes, Heilendes.
  (WR)

Beziehungen leben vom Ja und Nein

Nein sagen ist sehr schwer. Nein sagen gibt Streit, Auseinandersetzung, führt zu Ablehnung, Ärger und Wut. Dabei braucht jede gesunde Beziehung beides: Ja und Nein. Also auch das Nein! Auch Stop! Auch Halt! In gewissen Beziehungen sagt ein Teil zu oft Ja: «Ja, Schatz, du hast recht! Ja, wir machen es so, wie du sagst! Ja, deine Vorschläge sind immer gut!»

Ich kenne junge Paare, die schnell wechselten, von einem Extrem ins andere. Da war zuerst paradiesisches Klima mit bedingungslosem Ja. Plötzlich kippte das Wetter. Aus dem überbetonten, unehrlichen, zu harmonischen Ja entstand das ebenso einseitige, fanatische, totale Nein. Die Beziehungs-Musik wechselte von der entgrenzenden Harmonie in die abgrenzende Disharmonie. Das ist ungeschickt. Überall im Leben ist der Ausgleich zwischen den Extremen, ist die gesunde Mitte erstrebenswert. Nicht immer Ja. Nicht immer Nein. Sondern manchmal Ja, aber auch manchmal Nein: «Nein, das mache ich nicht! Nein, da komme ich nicht mit! Nein, da habe ich eine andere Meinung!»

Jeder Mensch hat Eigenbereiche, die er nicht mit andern Menschen teilen kann. Jeder ist ein Original. Jeder hat Anlagen, Interessen, Gaben, Grenzen, Eigenschaften, Leidenschaften. Und diese sind nie total mit einem andern Menschen teilbar. Kein Mensch kann einem andern alles bedeuten, alle Wünsche erfüllen. Darum braucht jede echte Liebe neben dem Ja- auch das Nein-Sagen. Laut und deutlich: Nein! Immer wieder einmal: Nein!

«Ich bin dein, du bist mein», sangen und dachten Verliebte früher. Heute tönt es ehrlicher, echter: «Ich bin ich, und du bist du! Ich bin nicht du! Du bist nicht ich! Wir werden vieles gemeinsam haben und erleben. Aber nie alles!» Richtig: Jeder Teil einer Beziehung braucht Eigenbereiche, braucht Freiräume, braucht Ich-Entwicklung. Jede Ehefrau braucht Freundinnen. Aber auch die Ehemänner sollten Freunde haben. Ich bin nicht du. Du bist anders als ich. Das ist keine Katastrophe, sondern das Allernatürlichste in der Welt. Ich habe andere Eltern, eine andere Biografie, ein anderes Temperament als du. Ich bin nicht du, aber im Du erlebe ich Unentdecktes in mir. Ich bin bereit, mich zu öffnen, von dir zu lernen. Mich interessiert deine Meinung, deine Einstellung, dein Glaube. Aber ich bin und bleibe mich selbst.

Nur das Nein rettet mein Ich vor dem Untergang. Nur das Nein rettet uns beide vor der falschen Verschmelzung, vor der kranken Symbiose. Nur mein Nein rettet unsere Liebe vor dem Tod, bewahrt unsere Beziehung vor dem Ende. Nur eigenständige Beziehungspartner können auf Dauer spannend füreinander sein. Nur eigenständige Frauen, Männer, Sportkameraden, Berufskolleginnen, Familienmitglieder, Nachbarn können auf Dauer spannend füreinander sein. Natürlich gibt das Auseinandersetzungen. Da kommen Nein, die weh tun, die überraschen, die schockieren. Aber das ist gesund. Der Liebe ohne Zank und Streit fehlt das Salz der Seligkeit! (Russland). Lieber sich gehörig streiten, als sich schlecht befrieden! (Mongolei). Familienstreit fegt alten Staub vom Ofen! (Finnland).

Sportler lernen mühsam, fair zu trainieren, fair zu kämpfen, Gegner und Bessere zu akzeptieren. Kinder lernen es z.B. beim «Eile mit Weile»: Nicht betrügen, Niederlagen gehören dazu. Erwachsene lernen ein ganzes Leben lang: Fair handeln, fair kämpfen, fair reden, tüchtigere, begabtere Menschen und Niederlagen akzeptieren. Unfair ist ewig nörgeln und meckern. Unfair ist davonlaufen. Unfair ist andern das Wort abschneiden, ist demütigen, öffentlich «schmutzige Wäsche» waschen, dreinschlagen, schweigen und schmollen. Ich kenne Ehepartner, die vier Monate nicht mehr miteinander redeten. Ich kenne Männer, die lieber «computerlen» oder im Stall mit den Kühen reden, als mit der Frau, den Kindern oder den Verwandten.

Warum sind viele Beziehungen so unangenehm, so unfair, so vergiftet? Weil zu viele Menschen innerlich unzufrieden, uneigenständig, verärgert, vergiftet sind. Wer nicht zufrieden ist, kann schlecht friedlich sein. Wer sich selber nicht mag, kann schlecht Liebe und Anteilnahme weitergeben. Nur wer die Einsamkeit geniesst, geniesst die Einsamkeit in der Zweisamkeit. Nur wer den Sauerstoff von Freiheit und Autonomie geniesst, kann fairerweise andern die gleichen Freiheiten und Freiräume schenken. Beziehungspartner müssen eigene Wege gehen. Sie können nicht immer, immer beieinander sein. Beziehungspartner müssen einander Luft geben, sonst erstickt ihre Liebe. Alle Beziehungspartner müssen darum ein ganzes Leben lang lernen, Nein zu sagen.

Weil jeder Mensch mal Nein sagt, muss er auch lernen, das Nein der andern zu ertragen. Das ist gar nicht immer leicht. So brechen manche Leute zusammen, wenn sie eine Prüfung nicht bestehen. Da verzweifelt ein Arbeitsuchender, weil er die zwanzigste Absage bekommt. Da wird jemand schikaniert am Arbeitsplatz oder in der Verwandtschaft. Da

reisst eine Trennung oder Scheidung eine tiefe seelische Wunde. Dieses Nein von einem Du soll nicht zu einem Nein zu sich selber führen. Gerade das Umgekehrte ist zu trainieren: Das Nein vom Du soll das Ja zu mir selber stärken und entwickeln. Das Retten der eigenen Person ist da wichtig. Die Ich-Zerstörung ist der falsche Weg.

Alle Menschen träumen vom glücklichen, nie streitenden Traum-Paar. Alle erwarten problemloses Funktionieren am Arbeitsplatz, in der Gesundheit, der Sexualität, der Erziehung, in Freundschaften. Wie unwahr und unrealistisch! Solche Träume und Fantasien kommen aus Märchen, von der Werbung, aus Heiratsinseraten, Filmen und vom einäugigen Bibellesen. Ewig glückliche, konfliktlose und problemlose Beziehungen existieren wahrscheinlich erst im Himmel. *Ein Mann jubelt: «Meine Frau ist ein Engel!» Sein Kollege erwidert trocken: «Schön, – aber meine lebt halt immer noch!»* Hier auf der Erde gibt es immer Konflikte, Krisen, Meinungsverschiedenheiten, Ja und Nein.

Eine Frau schrieb mir: «Ich bekomme so wenig Liebe! Alle Menschen kommandieren mich. Ich bin wie eine Matratze: Alle sitzen oder liegen darauf und gehen wieder weg. Mein Mann versteht mich mit dem Kopf, aber nicht mit dem Herzen. Wenn ich die halberwachsenen Kinder um etwas Hilfe bitte, dann tun sie mir gnädigst, aber sichtbar widerwillig diesen Dienst. Meine Mutter hat mich betrogen. In der politischen Frauengruppe dirigieren mich Präsidentin und Vizepräsidentin. Ich bin das Aschenputtel, alle hacken auf mir kleiner Person herum. Ich muss für alle den Dreck machen!»

Warum sagt diese Tochter, Frau, Mutter und Parteiperson nie Nein? Warum wehrt sie sich nicht? Woher, zum Kuckuck, kommt die Vorstellung, sie müsse immer lieb, immer dienend, immer präsent, immer happy, immer sich opfernd sein? – Weil diese Frau nie ihr klares Nein ausspricht, verliert sie ihr Selbstvertrauen. Sie fühlt sich als Aschenputtel, als ausgepresste Zitrone, als dreckschluckende Türvorlage, als konfliktauffangende Matratze. Prompt hocken böse Geister in ihrer Seelenstube: Unzufriedenheit, Apathie, Verzweiflung, Davonlauf-Fantasien. Die Frau ist einseitige Kopfnickerin geworden. Sie ist überall Liebkind, ist Liebfrau, Liebmutter, Liebgruppenmitglied. Das böse Kind fehlt, die nein-sagende Ehefrau fehlt, die reklamierende Mutter, die Widerborstige und Aufmüpfige in der Frauengruppe.

Sogar Jesus empfahl damals in der Bergpredigt: «Eure Rede sei Ja oder Nein, jedes weitere Wort ist vom Übel.» Also: Redet nicht nur Ja, Ja. Auch Nein! Bestimmt Nein! Vehement Nein! Laut und deutlich Nein! Aus innerer Überzeugung Nein! Zum Schutz der Persönlichkeit Nein! Für Reife und Weiterentwicklung Nein! Immer wieder einmal Nein! Nein und Amen!

Tips für Frauen

- Männer nicht verwöhnen, nicht schonen
- sich wehren gegen unfreundliche Reaktionen
- rücksichtsvoll gegen sich selber sein
- Missverständnisse klären
- Unliebenswürdigkeiten und Grobheiten nicht hinnehmen
- Hauptziel ist nicht, den Mann immer bei guter Laune zu halten
- die Fehler des Mannes benennen, aussprechen
- Gleichberechtigung erobern
- ein Gespräch ist ein Kunstwerk, kein Pfusch
- Freiheit erfordert Flexibilität
- den Autonomiewahn des Mannes abbauen
- um die eigene Selbstachtung ringen, das Gefühl, wertvoll, tüchtig und voller Kraft zu sein
- genügend Quellen des Interesses und der Befriedigung, genügend soziale Bindungen haben
- den Mann nicht für den Zweck der eigenen Sicherheit gebrauchen
- nicht von den Erfolgen des Mannes abhängig sein
- fordern, dass der Mann von der Frau lernt
- weibliche Qualitäten bewahren

(Wilfried Wieck)

Kleine Schritte
sind besser
als keine Schritte

♡

Nein

So viel ist gewonnen,
wenn nur einer aufsteht und NEIN sagt!
(Bert Brecht)

Beziehungen fördern Gegensätze

In allen Beziehungen, nicht nur bei Frau und Mann, muss Ausgewogenheit gesucht und erkämpft werden. Etwa zwischen binden und freigeben, zwischen hellen und dunklen Stunden, reden und schweigen, lieben und hassen, Sicherem und Unsicherem, Helfer und Hilflosem, Mächtigen und Machtlosen, Ich-Sein und Wir-Sein, Stark-Sein und Schwach-Sein, Da-Sein und Abwesend-Sein, Einsamkeit und Gemeinsamkeit, Einzelaktion und Gruppenaktion, Konflikt und Harmonie, Selbstliebe und Nächstenliebe. – Einseitigkeiten dürfen ruhig mal sein. Aber nicht als Dauerzustand. Nach Extremzeiten muss ich den Ausgleich suchen. Das Einpendeln in die Mitte ist nicht leicht, aber Daueraufgabe. Finde ich in meinen Beziehungen den langen Atem, in diesen Spannungen zu leben? Welche Korrekturen muss ich gerade jetzt in Angriff nehmen?

Geben und Nehmen: Kann ich geben? Kann ich nehmen? Dank, Lob, Kompliment, Achtungszeichen, Ansporn, Unterstützung, Zuwendung, Anerkennung? Ich darf Hilfe annehmen und andern Hilfe sein. Ich nehme und gebe Komplimente, ich nehme und gebe Kritik. Wer immer nur nimmt, wird unzufrieden und schmarotzerisch. Wer immer nur gibt, fühlt sich ausgepresst, ausgepumpt, ausgesaugt. «Wer andere erquickt, findet darin selber Erquickung» (Salomo). Wer gesund bleiben will, braucht positive Zuwendung.

Ein modernes Märchen: Vor vielen Jahren lebten in einem Dorf fröhliche und zufriedene Leute. Das Besondere an ihnen waren die weichen Pelzchen. Wenn zwei oder drei auf der Strasse plauderten, schenkte jeder jedem ein weiches Pelzchen. Wenn eine Käuferin mit einer Verkäuferin noch etwas Persönliches besprach, schenkten sie einander zum Abschied ein Pelzchen. Der Lehrer, der dem Vater ei-

nes Kindes von der Schule erzählte, tat ebenso. Wer Kranke im Spital besuchte, brachte dem Kranken ein Pelzchen und bekam eines vom Kranken. Jeder schenkte und wurde beschenkt. Darum gingen sie nie aus. Jeder hatte einen Vorrat in der Einkaufs-, in der Handtasche, in der Schulmappe oder in Hosentaschen. – Ausserhalb des Dorfes, in einer Höhle, wohnte ein Kobold, ein sonderbarer Mensch. Er war immer hässig und unzufrieden. Ihm gefielen die zufriedenen Menschen im Dorf nicht. Die sollten doch so sein wie er. So kam er wieder einmal ins Dorf und plauderte mit dem erstbesten Bewohner. Als dieser ihm aber ein Pelzchen schenken wollte, lehnte er bestimmt ab: «Pass auf, dein Vorrat wird knapp!» Und zum zweiten: «Sei nicht so grosszügig, bald hast du keine Pelzchen mehr!» Den dritten beschimpfte er gar: «Du bist ein Tolpatsch. Behalte doch die Liebe für dich!» Die Leute blieben verdutzt stehen. Aber schon nagte das Misstrauen am Herzen. «Ich habe tatsächlich nur noch zwölf», zählte der erste. «Ich sollte tatsächlich mehr an mich denken», jammerte der zweite. «Ich bin tatsächlich ein Esel, wenn ich immer alles verschenke», behauptete der dritte. Innert kürzester Zeit hatte das Böse gesiegt. Das Dorf war wie umgewandelt. Die Menschen verschenkten keine Pelzchen mehr. Sie versteckten diese, schlossen sie in einen Tresor ein. Das Leben wurde gehetzter. Das Herumplaudern hörte auf. Die Leute wurden wie der Kobold, hässiger, unzufriedener, giftiger. Und das Schlimmste: Sie wurden krank. Viele hatten plötzlich Kopfschmerzen, Magengeschwüre, Nervenleiden. Sogar Herzinfarkte gab es. Einige Dorfbewohner starben. – Das tat sogar dem Kobold leid. Das hatte er nicht gewollt. Er wühlte aus seiner Höhle farbige Steine und leichte farbige Plastikwürfel hervor. Diese brachte er den gehetzten Leuten ins Dorf. Tatsächlich füllten die Folgsamen ihre Taschen, Körbe und Schulmappen mit den Ersatzdingen und begannen wieder zu tauschen. Aber die Steine waren keine Pelzchen. Der Kunststoff war kalt und nicht wollig angenehm. Die Steine hatten Kanten, taten weh, fühlten sich nicht weich und lieblich an auf der Haut. – Ganz versteckt holten einige Leute wieder die Pelzchen aus den sicheren Verstecken. Es waren eher die älteren Dorfbewohner, die noch die guten Erinnerungen im Kopf hatten. Ganz verstohlen tauschten sie wieder Pelzchen aus. Und erstaunlich: Die zwei wichtigen Besonderheiten trafen wieder ein. Dort, wo Pelzchen ausgetauscht wurden, gingen sie nie aus. Und dort, wo Pelzchen ausgetauscht wurden, verschwanden die Migräneschmerzen und Magengeschwüre.

Was sind für mich Pelzchen? Was Steine und Plastik? Sind meine Gespräche 20% Pelzchen und 80% Plastik? Lässt sich dies ändern? Ich will keine Magenprobleme mehr! – Wenn ich nie Echos bekomme, werde ich sie halt holen: Wie schmeckt das Dessert? Wie gefällt euch meine Idee, mein neuer Pullover? Ist das in Ordnung so? Jetzt möchte ich eure Meinung hören! – Wenn ich nie ein Lob bekomme, kann ich es mir selber geben, mir selber auf die Schulter klopfen: Das ist mir gut gelungen! Bravo, ich habe es geschafft! Jetzt habe ich eine Pause verdient! Heute kaufe ich mir eine Schokolade, ganz allein für mich!

Eigenlob stinkt nicht immer. Jeder Mensch hat lobenswerte Eigenschaften. Auch ich brauche ein gesundes seelisches Gleichgewicht. Sehr oft denke ich: Niemand unterstützt mich! Niemand beachtet mich! Niemand fragt mich! Es kann durchaus sein, dass ich zu stolz bin, darum zu bitten. Die sollen spüren, was mir fehlt! Die sollen merken, was ich nötig habe! Die sollen mich nicht sitzen lassen! – Das sind unfaire Erwartungen. Meine Mitmenschen können nicht wissen, was ich fühle, leide oder brauche. Ich muss meine Angst vor Zurückweisung überwinden. Ich darf nicht zu stolz sein, abhängig zu werden. Um Hilfe bitten bestärkt mich als Persönlichkeit, und es bestärkt denjenigen, den ich bitte. Leben heisst: Unterstützung empfangen und geben.

Es geht um das Gesundbleiben: Ohne Beachtung stirbt der Mensch. Wer keine positive Zuwendung bekommt, wird krank. Und zwar zuerst seelisch, dann körperlich. Jeder Mensch braucht warme Pelzchen. Wer gibt, bekommt welche.

Reden und Schweigen: Gute Beziehungen ohne Gespräche gibt es nicht. Der Informations-, Meinungs- und Gefühlsaustausch ist «das tägliche Brot» aller Beziehungen. Das schöne und mühsame Reden miteinander bereichert und belastet alle Begegnungen. Alle Menschen erleben Dunkelheit und brauchen dann Trost, Anteilnahme, Mitfühlen, gute Worte, Anwesenheit. Das zufriedene Schweigen, das erfüllte Stillesein gehören aber auch dazu. Reden und Schweigen ergänzen sich. Der richtige Wechsel ist wichtig. Immer nur reden, zerreden, überreden, immer alles bis ins letzte besprechen, ausdiskutieren kann quälen, ermüden, zermürben. Immer nur schweigen, schmollen und grollen aber ebenfalls.

Nähe und Distanz: Es ist schön, in einer Beziehung Einigkeit und Verständnis zu spüren. Das Beisammensein, Einssein, die Hautkontakte bedeuten Glück und Frieden. Die Liebe geht durch die Haut. In der

Nähe zum Nächsten erlebe ich Öffnung, Entgrenzung, Aufbrechen, Wärme, Schutz, Geborgenheit. Aber es gibt auch eine Nähe, die bedrückt, einengt, bedroht, ängstigt. Distanz ist auch wichtig. Jede gesunde Beziehung braucht auch Abstand, Respekt, Zurückhaltung. Gelegentlich getrennte Wege gehen ist manchmal sogar sehr notwendig. Jeder Partner braucht seine Ichsphäre, seine persönliche Identität, seine Ruhe für Lebensverarbeitung und Lebensplanung. Totale Beziehungs-Offenheit ist unwirklich, utopisch. «Umarmen hat seine Zeit und Getrenntsein hat seine Zeit» (Salomo). Nähe und Distanz formen und gestalten jede Beziehung. Immer nur Nähe kann eine Partnerschaft ersticken, abtöten. Immer nur Distanz bringt Entfremdung, Abkühlung und tötet ebenfalls.

Anpassung und Widerstand: Sich anpassen, delegieren, Verantwortung abschieben ist bequem. Es ist schön, vom Partner abhängig zu sein! Selber entscheiden, selber organisieren tut aber auch gut! Es ist scheusslich, immer vom Partner abhängig zu sein! Neben der Abhängigkeit steht die Selbständigkeit, neben dem Nachgeben das Durchsetzen, neben der Ergebung der Widerstand, neben dem Ja das Nein. Wieder muss jede Beziehung auch hier die Balance suchen. Gibt der eine Partner dauernd nach, setzt sich der andere also dauernd durch? Sag ich Ja, wenn ich Nein sagen möchte? Sage ich Nein, wenn ich Ja sagen möchte? Wiederum: Das bringt fröhliche und mühsame Auseinandersetzungen und ist darum ehrlich und gesund. Sich immer unterordnen, immer nachgeben, immer Ja sagen ermüdet, macht traurig, unzufrieden und krank. Immer aufbegehren, immer sich durchsetzen, immer Nein sagen ebenfalls.

Freud und Leid, Lust und Frust: Natürlich gehören Freude, Fröhlichkeit, Spass, Humor, viel Lachen in jede Beziehung. Aber das Leiden, die Traurigkeit und Schmerzen haben auch ihren Sinn. Es gibt festliche, heitere, befriedigende Tage. Aber böse, niederschmetternde, schwere, drückende kommen halt auch dazu. Überall, wo Sonne und Licht sind, gibt es auch Schatten. Überall, wo Dunkelheit und Finsternis drücken, wird auch Helligkeit sichtbar. Licht ist positiv und negativ. Schatten ist positiv und negativ. Ich selber bin für meine Beziehungspartner beides: Ich bereite ihnen nicht immer nur Freude, Erheiterung, sondern füge ihnen auch Leid, Enttäuschungen, Schmerzen zu. Sicher, gute Beziehungen bringen Glücksmomente, Zufriedenheitsgefühle, Fröhlichkeitsstunden. Aber Kummer, Störungen, Mühsal, Unzufriedenheiten, Ärger und Frust gehören auch dazu. Immer nur Heiterkeit und Frohsinn ist unrealistisch. Immer nur Traurigkeit, nur Leiden und Sorgen aber auch.

Friede und Konflikt: Ein grosses Harmoniebedürfnis steckt in uns allen. Wir möchten es immer schön, immer friedlich, immer harmonisch haben in allen Beziehungen. Wir meinen, das Streiten gehöre dann schon gar nicht dazu. Aber alle erleben früher oder später und immer wieder: Meinungsverschiedenheiten, Auseinandersetzungen kommen automa-

tisch. Friede heisst nicht nie Konflikt. Konflikte gehören in jedes Leben. Echter Friede löst aber diese Konflikte so, dass alle Partner einigermassen zufrieden sind. Schwierigkeiten sind normal und ein Zeichen gesunden Lebens. Die Schweizer sagen: «Wo's nümme kriselet, do tötelet's!» Wenn keine Krisen auftauchen, dann modert, krankt und stirbt eine Beziehung. Krisen signalisieren Leben. Krisen sind nicht das Ende, sondern eine Wende. «Nicht die Lebenskonflikte machen uns krank, sondern ihre Verdrängung» (Alexander Mitscherlich). Krisen würzen die Lebenssuppe. Bewältigte Krisen beglücken, stärken, kitten eine Beziehung. Aber immer nur Krisen, Dauerkrieg, nie Friede und Zufriedenheit ist schrecklich, bedeutet das andere Extrem. Immer die gleichen Wünsche, immer die gleichen Absichten und Ansichten, ewigen Frieden gibt es nicht auf Erden. Harte Arbeit an Konflikten mit Lösungssuche und Versöhnung, das ist realistisch und echt.

Halten und Loslassen: Gewinne und Verluste gehören zu unserm Lebensweg. Wir gewinnen dies und jenes, und wir werden alles wieder verlieren. Wir verlieren dies und jenes und gewinnen dabei wieder Neues. Am Schluss sind die Erinnerungen das letzte, was wir noch haben. Und sogar diese verdünnen sich mit dem schwächer werdenden Gedächtnis. Unser ganzes Leben ist ein ständiges Abschiednehmen, ein fortlaufendes Loslassen. Abschiede und Neubeginne sind schmerzlich und wunderschön. Ich lasse Altes zurück und entdecke Neues. In mir. An meinem Beziehungspartner. Jede Trennung ist Verlust und Chance zu neuer Lebendigkeit. Beziehungen dürfen sich wandeln, sollen sich wandeln. Alles, was ich halten möchte, geht vorüber. Aber auch alles, was mich bedrückt, geht vorüber.

Vergangenheit und Zukunft: Kein Mensch ist ein leeres, unbeschriebenes Blatt Papier. Jeder hat Erlebnisse, Erfahrungen, Prägungen, Biografie. Diese fliessen in jede Beziehung ein, gewollt und ungewollt. Wir leben mit unserer Jugend, mit den vergangenen Jahren. Wichtige und eklige Menschen wirken in uns, sogar wenn sie bereits gestorben sind. Auch mein Beziehungspartner ist geprägt, geformt, verformt, entwickelt, erzogen. Zwei sehr verschiedene Lebensläufe treffen sich also, und jetzt kommt neben den zwei eigenen die gemeinsame Lebensgeschichte dazu. Jeder Teil bringt seinen Vergangenheits-Rucksack mit helfendem Proviant, aber auch mit belastenden, unnötigen Steinen. Jetzt kommen Freuden und Sorgen von morgen dazu. Vergangenheit und Zukunft sind Ballast und Kraft, Antrieb und Lähmung. Echtes Leben geschieht jedoch im Jetzt, in diesem Augenblick, im Spannungsfeld von positiven und negativen Kräften aus dem Gestern und dem Morgen.

Selbstvertrauen

- Kann ich andere Menschen loben?
- Kann ich ein Lob, ein Kompliment dankend annehmen?
- Lasse ich mich leicht ausnutzen und manipulieren?
- Wage ich eine fremde Person anzusprechen?
- Kann ich andere Menschen um Hilfe bitten?
- Kann ich mich bei VerkäuferInnen wehren?
- Kann ich andere Menschen kritisieren?
- Verändere ich mich, wenn ich mit Vorgesetzten rede?
- Gebe ich oft dem (faulen) Frieden zuliebe nach?
- Kann ich einem Menschen meine innersten Gefühle und Gedanken sagen?
- Kann ich zärtlich und zornig sein?

Beziehungen bereichern und belasten

Alle Menschen leiden. In jeder Biografie sind Tintenkleckse, dunkle Stellen. Alle tragen schwarze Flecken auf den weissen Westen. Wie können wir mit dunklen Erinnerungen und belastender Vergangenheit leben? Hier fünf Versuche.

1. Tip: Wiederkäuen. Schuldgefühle drücken, obwohl schon viele Jahre vergangen sind. Die Zeit heilt nicht alle Wunden. «Unverdaut's görbslet ufe», sagen die Schweizer. Nichtverdautes kommt hoch. Ein Magen kann nicht alle Nahrung verdauen. Zu grosse Brocken und schlechte Esswaren stösst er zurück. Genauso unsere Seele: Schwere, zu grosse Lebenserschütterungen und schlechte Beziehungserlebnisse stösst sie zurück. Ein Brief, ein Wort, eine Erinnerung, eine Jahreszahl können genügen. Schon ist die unverdaute Geschichte voll präsent. Das Vergessen ist nicht möglich. Sich selber verzeihen fällt schwer. Sich selber nerven wird üblich. Darunter leiden dann auch unbeteiligte Mitmenschen.

Die Kuh verdaut das gefressene Gras nur durch mehrfaches Wiederkäuen. Genauso unsere Seele. Da kann mehrfaches Herumbeissen, Daranknabbern, wochenlanges und jahrelanges Zerkleinern nötig sein. Seelisch wiederkäuen heisst vielleicht trauern, weinen, klagen, einen Brief schreiben, nachdenken, überdenken, äusserlich nichts tun, innerlich hören, Träume deuten. Das geschieht meistens allein, hie und da mit einem bekannten lieben Menschen, hie und da eine gewisse Zeit lang mit einer Fachfrau, einem Fachmann. Langsames Abschiednehmen ist nötig. Immer wieder aufstehen und weiterwandern nach Rückschlägen, Einbrüchen und Zusammenbrüchen ist wichtig.

2. Tip: An sich arbeiten. So etwas ist möglich. Von solcher Persönlichkeitsarbeit erzählt ein Brief:

Damals lebte ich in einer Abwehrrolle, d.h. in Gedanken war die Partnerfrage einfach zurückgedrängt. So wie es halt mit allen Problemen ist, sie stellen sich immer wieder in Situationen vor uns hin, so lange, bis wir sie gelöst und verarbeitet haben. Das passiert mir zwar heute noch manchmal, nur kann ich heute erkennen, durchsuchen und durchdenken, wo ich mal wieder mir selbst in die Falle gegangen bin. Ich meine, hoffen ist zwar allemal besser als sich aufgeben, aber von Hoffnungen kann kein Mensch glücklich und zufrieden leben. Man muss wirklich selbst aktiv werden. Damit meine ich allerdings nicht Zerstreuung ausser Haus – und dann heimkommen und die Decke auf dem Kopf spüren. Ich meine die geistige Aktivität in Kursen und Seminaren, um zuerst einmal erkennen zu lernen, woraus uns all die Probleme denn enstehen können. Das sind natürlich Jahre eines Reifungsprozesses, einer Bewusstseinsveränderung. So erkannte ich dann, dass «man» stets andere verantwortlich macht für die eigenen Übel. Von da an ist es mit mir eigentlich erst aufwärts gegangen. Von da an habe ich mich total reingekniet, mich selber zu verändern; mein Denken, mein Tun, mein Empfinden. Ich behaupte auch gar nicht, dass es einfache Jahre waren. Heute denke ich, «man» ist so lange unglücklich und unzufrieden, wie «man» sein Glück stets von irgend etwas oder von irgendwem abhängig macht. Sich selbst einmal lernen gern zu haben, sich selbst annehmen, sich selbst vergeben, das hilft. In diesen Jahren habe ich viele kreative Möglichkeiten in mir entdeckt. Chancen, aus mir und mit mir selbst etwas zu tun. Ich bin 53 Lenze jung, lebe allein und bin dabei unendlich dankbar, zufrieden und glücklich für alles, was ich habe oder nicht habe! Aus dem Glauben an die Schöpferkraft, die in mir ist, Gott annehmen und zum Partner machen ist «meine Medizin». Das Nichtstun ist dann höchste Aufmerksamkeit in entspanntem Zustand.

3. Tip: Beten. Die obige Briefschreiberin beschreibt im letzten Abschnitt diese helfende göttliche Kraft. In sich hineinhören, stille sein und seelisch aktiv werden kann zur Zwiesprache mit Gott werden. «Alle eure Sorge werfet auf Gott, er sorgt für euch!» sagt Paulus. Sprecht die drückenden Quälereien aus! «Wenn Christus euch frei macht, werdet ihr wirklich frei sein!» Der Glaubende erlebt, wie Christus erlöst von boh-

renden Grübeleien. Ein vollständiges Vergessen gehört nie dazu. Unsere Biografie können wir nicht wie ein Kleidungsstück weglegen. Aber der Glaubende wühlt nicht mehr so tief im Vergangenen, er kann sachlich darüber reden. Unverdautes ansehen, vielleicht im Lebensordner zu den Akten legen, heisst sich selber verzeihen: Die Vergebung sollen wir dem andern, sollen wir einander zusprechen. Belastende Vergangenheit mit vorsichtigem Zungen- und Fingerspitzengefühl erledigen bringt innere Zufriedenheit und Offensein für die Gegenwart.

4. Tip: Liegenlassen. Nicht immer ist das Wiederkäuen der richtige Weg. In gewissen Situationen kann auch genau das Gegenteil sinnvoll, hilfreich und weiterführend sein. Ich meine das Ruhenlassen, die Pause, den Abschied. Eine Geschichte aus dem alten Griechenland passt zu diesem Tip:

Herakles entdeckt auf einer Passhöhe ein eigenartiges Gebilde, das wie ein Apfel aussieht. Er stampft mit seinem Fuss darauf, und schon ist das Ding doppelt so gross. Sonderbar, denkt er und schlägt mit seiner Keule darauf. Aber mit jedem Schlag wird der rätselhafte Gegenstand grösser und grösser und versperrt ihm zuletzt den ganzen Weg. Da erscheint die Göttin der Weisheit, Athene, und sagt zu ihm: «Lass das sein! Das ist ein Zankapfel! Das ist ein Streit! Das ist unbewältigte Vergangenheit auf deiner Lebens-Passwanderung! Wenn du dies liegen lässt, dann bleibt es klein, bescheiden und problemlos. Wenn du aber draufschlägst, die Probleme immer wieder aufhebst und sie mit dir herumträgst, dann werden sie dauernd grösser und grösser und versperren dir zuletzt den ganzen Lebensweg!»

Jeden Tag treffe ich auf Zankäpfel: Ein unübliches Wort, einen falschen Ton in einem Gespräch, einen kleinen Ärger, ein Missverständnis, einen ungeschickten oder unklaren Satz. Jeden Tag treffe ich auf alte und uralte Zankäpfel: Jener Mensch hat mich vor zwei Monaten enttäuscht. Genau vor einem Jahr hat mich mein Partner rücksichtslos sitzenlassen. Beim Tod meines Vaters hat mich meine Schwester beim Erben betrogen. Ich habe keinen Dank erhalten. Immer an Weihnachten kommt mir in den Sinn, wie meine Eltern mich einmal hundsgemein misshandelten. Wenn ich solche Zankäpfel liegenlasse, dann bleiben sie klein und problemlos. Wenn ich aber mit der Keule der Sturheit gekränkt und fanatisch auf die Nichtigkeiten losschlage, werden kleine und uralte Zankäpfelchen dauernd grösser und grösser. Wehe, wenn ich sie aufhebe und mit mir trage! Dann werden das nebensächlichste Wort, die kleinste Begebenheit, die uralte Story so gewaltig, dass sie mein Weiterwandern verunmöglichen. Jene Beleidigungen, jene Verletzungen, jene Traurigkeit, jene Bekümmernis besetzen alle meine Gedanken. Ich kann keine Arbeit mehr richtig konzentriert machen. Ich bin blockiert. Die ganze Helligkeit eines neuen Lebenstages schwindet. Und warum dies? Weil ich alten Mist und Zank nicht liegenlassen will.

5. Tip: Verfallfristen einführen.

Im Gespräch mit einem Ehepaar steigert sich die Frau in nicht verdauten Ärger hinein. «Und wissen Sie», sagt die Gekränkte zu mir, «beim ersten Kind hat der da mir nicht einmal einen Blumenstrauss ins Spital gebracht!» «Der da» war ihr Ehemann. Gelassen gab er das Vergessene zum x-ten Male zu: «Ja, das stimmt! Ich habe dies damals einfach vergessen. Aber ändern kann ich das jetzt nicht mehr.» Schüchtern fragte ich die Klägerin, wann denn dies geschehen sei. «Vor genau elf Jahren!» antwortete sie sofort.

Viele Menschen sind nachtragend. Sie sind verdrossen und schmollen nicht nur tage-, sondern monate- und jahrelang. Es gibt Paare, die sich zwanzig Jahre nach der Hochzeit noch über etwas verbittert zanken, was in den Flitterwochen oder während der ersten Schwangerschaft geschehen war. – Sadistische Menschen verstehen es ausgezeichnet, auf früheren «Sünden» des Partners herumzureiten, diese niemals zu vergessen, niemals zu vergeben. Sogar konstruktive Versuche, über gemachte Fehler zu reden und daraus zu lernen, lehnen sie kategorisch ab. Immer wieder bekennen Frauen und Männer, dass sie von Herzen gerne wirklich offen mit ihrem Partner sich aussprechen möchten. Etwa: «Das ist doch jetzt ganz alter Mist. Den wollen wir nun endlich einmal begraben.» Doch jedesmal wird der Versöhnungs- und Sorgenbewältigungsversuch mit dem bekannten Lasterkatalog niedergeschmettert. Dieses Immer-wieder-Auffrischen kann unüberlegtes Reden sein. Jedem von uns rutscht hie und da so altes Zeug aus dem Mund. Es kann aber auch Schlauheit sein, bewusste oder unbewusste Durchtriebenheit.

Mit gewissen Sündensammlungen kann jeder Gegner im geeigneten Moment besiegt werden. Angriff ist die beste Verteidigung, behaupten solche Gesprächsgenossen. Raffiniert lassen sich mit Partnerkritik die eigenen Fehler vertuschen. Jeder hat seine Achillesferse, also die schwache, verwundbare Stelle. Je länger eine Beziehung dauert, um so ersichtlicher sind diese Stellen: Kinder kennen die Schwächen ihrer Eltern, Eltern diejenigen der Kinder. Die Frau kennt die allergischen Punkte ihres Mannes, er jene seiner Frau. Wie gehen wir damit um?

Wenn Kinder oder Jugendliche sich schlecht benehmen, zitieren gewisse Erwachsene oft die lange Liste der früheren Missetaten: «Ja, bei dieser Gelegenheit denke ich immer wieder daran, dass du mir als Viertklässler einmal Geld aus dem Haushaltsportemonnaie gestohlen hast!» So lernt schon der junge Mensch, dass gewisse Dinge immer wieder aufgetischt, nie vergeben, nie vergessen werden. Leider getrauen sich solche Kinder je länger je weniger, ihre wirklichen Lebensprobleme mit ihren Nörgeli-Erwachsenen zu besprechen. Sie behalten ihre Sorgen wohlweislich für sich. Jede Aussprache wird sowieso immer mit Aufzählungen all der schlimmen, längst begangenen Kindersünden zusätzlich garniert. Ich meine, 14 Tage Verarbeitung bei Kindern dürften genügen. Nach einer Woche darf es noch so tönen: «Also das vor 10 Tagen ärgert mich noch immer.» Aber dann soll Schluss sein. Der Fall wird begraben.

Bei uns Erwachsenen dürfen ebenfalls Verfallfristen für gemachte Vergehen gelten. Es sollten z.B. keine Fehler und Missetaten neu aufgewärmt werden, wenn diese älter als drei Monate sind. Wäre das eine Faustregel? Jeder Tag bringt jedem Menschen neue Probleme. Diese dürfen und müssen besprochen werden. Das Jetzt und Heute ist wichtig. Die Gegenwartsbewältigung darf nicht mit gezielten Tiefschlägen aus der Vergangenheit verunmöglicht werden. Drei Monate Frist genügen für schwere Sorgenbrocken. Einverstanden?

Die Weisen aus der Bibel sind rigoroser. Jeden Abend soll der Beziehungstisch sauber gemacht werden: «Versündigt euch nicht, wenn ihr in Zorn geratet, und versöhnt euch wieder miteinander, bevor die Sonne untergeht!» Das heisst: Am gleichen Tag soll seelisch aufgeräumt werden. Wer abends bewusst abrechnet, schläft besser. «Ein gutes Gewissen ist ein sanftes Ruhekissen», meint der Volksmund. Schön wäre das! Doch das Verdauen von schweren seelischen Brocken braucht mehr Zeit. Einige Tage, einige Wochen. «Eine unvorhergesehene Meinungsverschiedenheit kann ein Feuer entflammen, und ein hitziger Streit führt leicht zu Blutvergiessen. Du kannst einen Funken anblasen, dann auch darauf spucken, dann erlischt er – und beides machst du mit demselben Mund.» Auf den Zorn spucken, die Racheflamme auslöschen, empfiehlt die Bibel. Den Streit ausblasen. Nicht immer wieder neu entfachen.

Was geschieht dort, wo ein Mensch solch lebenswichtige Beziehungsabmachungen nie einhält? Die Sonne mag schon viele Monde lang immer wieder untergegangen sein, ständig bläst der Krankhafte wieder ins Fünklein und entfacht neue, zerstörerische Seelenbrände. Was dann? – Es gibt unheilbare, krankhafte Sauertöpfe, die ein langes Leben lang nörgeln, reklamieren, schmollen und nachtragend sind. Für sie ist destruktives Streiten alltäglich geworden. Da hilft vielleicht die Analyse des bösen Spieles durch Therapie. Das endgültige Auseinandergehen ist der allerletzte Weg.

Beziehungs-Förderer und Beziehungs-Killer

- Hilfe brauchen ist keine Schande.
- Gute Hilfe macht nicht unabhängig, ist Hilfe zur Selbsthilfe.
- Abhängigkeit und kindliche Unselbständigkeit töten Beziehungen.
- Faule Kompromisse und moralische Appelle oder Vorwürfe unterhöhlen Beziehungen.
- Gute Beziehungen führen zu natürlichen Berührungen.
- Ich kann mich ändern; das ist anstrengend und unangenehm.
- Alle Menschen verändern sich.
- Regelmässige und offene Gespräche, neue Zusagen und Absagen, neue Gemeinsamkeitserlebnisse und neue Grenzziehungen charakterisieren lebendige Beziehungen.
- Reden heisst hören, sehen, spüren und sprechen.
- Klare Informationen bringen Sonnenschein auch nach Regenwolken und Gewitterstimmungen.
- Ich kann meine Grenzen überschreiten, Neuland betreten, sofern meine Mitmenschen nicht darunter leiden.
- Andern Menschen kann ich Mut machen, selber ihre Grenzen zu überschreiten, neue Lebensentwürfe zu suchen.
- Sich schämen ist in einer guten Beziehung nicht nötig.
- Niemand hat das Recht, über die Fehler anderer Gericht zu halten.
- Gefühle werden nicht abgeblockt, nicht in Flaschen eingekorkt; sie gehören in jede gute Beziehung.
- Jeder Mensch hat seinen eigenen, ganz privaten Persönlichkeitsbereich; dieser muss respektiert werden.
- Kontrollieren, Detektiv(in) spielen, tötet Beziehungen.
- Unzufriedenheit und Aggressionen zeigen unentfaltetes Leben; sie sind ernst zu nehmen: sie führen zu helfenden Entscheidungen, zu neuen Lebens-Perspektiven.
- Liebe kann nicht geschaffen, nicht manipuliert werden.
- Liebe ist Geschenk und blüht nur in Freiheit.

Kritik

Sie: «Mir schmeckt das Essen, das ich koche, auch nicht immer. Aber ich reklamiere wenigstens nicht!»

♡

Nie Probleme

Der Nachbar: «Hatten Sie jemals Streit?»
Ein Ehepartner: «Nein, nie! Wir waren immer meiner Meinung!»

♡

Wie zu Hause

Im Zugabteil sitzt ein Mann einer Dame gegenüber. Nach einer Weile fragt er: «Sie gestatten, dass ich rauche?» «Aber bitte, fühlen Sie sich wie zu Hause!» Da steckt der Mann die Zigarette wieder ein und knurrt: «Na, dann eben nicht!»

♡

Pro und Kontra

Eine Frau: «Lieber einen Mann im Haus als gar keinen Ärger!»

♡

Belohnung

Sie nach dem Abtrocknen: «Jetzt bekommst du dafür einen Kuss!»
Er: «Ich dachte, ich bekäme eine Belohnung.»

Beziehungen sind Arbeit

Beziehungen sind anstrengende, harte Arbeit. Beziehungen sind Krisen- und Konfliktbewältigung. Beziehungen bedeuten Glücklich- und Unglücklichsein. Beziehungen sind Friede und Streit, Harmonie und Disharmonie. Liebe muss gelernt werden. Glück muss erarbeitet werden. Friede mit sich und den engsten Mitmenschen ist lebenslange Daueraufgabe. Geborgenheit benötigt immer wieder Auseinandersetzungen und immer wieder Gespräche, bis ins hohe Alter.

Für junge Menschen sind solche Vorstellungen meistens sehr fremd und unverständlich. Kommen dann ganz natürliche Probleme und Meinungsverschiedenheiten, kapitulieren etliche sofort: Wir passen halt nicht zusammen! Wir haben uns auseinandergelebt! Schon die Partnerwahl war falsch! – Dummes Zeug: Zu schnell resignieren sie. Zu schnell kapitulieren sie. Zu überstürzt weichen sie den natürlichen Auseinandersetzungen und Konflikten einfach aus. Kein Leben ist reines Honiglecken. Keine Beziehung ist reines Vergnügen. Es gehört Unangenehmes dazu: Schwierigkeiten durchstehen, Verschiedenheiten akzeptieren, Unterschiede positiv sehen, an Sorgen reifen, befriedigende Kompromisse suchen. Davonlaufen und Trennungen beseitigen keine Krisen.

«Verliebt, verlobt, verheiratet», sagt der Volksmund. Drei Treppenstufen geht es hoch. Dann sind alle im Märchen-Beziehungshaus. Nach der glücklichen Heirat blühen und bleiben alle dort oben, auf dem hohen, ewig heiteren, prächtigen Ehe-Niveau. – Dummes Zeug: Wie schnell geht es schon nach sehr kurzen Paarzeiten wieder treppab! Natürliche Meinungsunterschiede schocken, Auseinandersetzungen lähmen, Streit verletzt, Missverständnisse blockieren. Sehr oft werden solch normale Gegensätze noch als Lebenskatastrophe eingestuft, als persönliches Versagen taxiert. Trennung und Scheidung erscheinen als einziger Ausweg. – Ganz, ganz falsch: Statt Kapitulation wäre tüchtige Arbeit nötig! Statt Flucht: Standortbestimmung! Statt Unglücklichsein: Konfliktbewältigung! Statt Resignation: Durchbeissen! Statt Friedensrichter: Krisenmanagement! Statt Beziehungs-Schluss: Beziehungs-Weiterentwicklung! Statt immer Ja-sagen, mal Nein-sagen, also Widerstand! Statt Dauerablehnung mal Nachgeben! Beziehungen sind harte Arbeit.

Liebe wandelt sich dauernd. Liebe muss immer wieder neu geschaffen werden. Liebe besteht nicht einfach automatisch bis zum Tod. Liebe ist kein Perpetuum mobile, nichts Ewigfunktionierendes. Liebe kann abnehmen, kann wachsen. Liebe ist anstrengend. Liebe reift an Schwierigkeiten. Liebe wagt Wandel und Verbesserung. Liebe bewirkt Wunder.

Schubladisierungen sind gefährlich, sie vereinfachen. Zum Glück ist das wirkliche Leben immer bunter, komplizierter. Trotzdem sei hier ein kleiner Versuch gewagt: sechs Beziehungsstufen! Der Weg geht nie

chronologisch brav von eins bis sechs. Etwa beim Kennenlernen sind wir im Stadium eins und im hohen Alter in Nummer sechs. Alle Beziehungen pendeln hin und her. Wertvoll sind alle Zeiten. Vor- und Nachteile stecken ebenfalls in allen.

1. Kapitulations-Phase: meint Verliebtheit, Symbiose, Verschmelzung, Ich-Aufgabe, Schein-Harmonie.

Merksatz: ich bin dein und du bist mein!
Beschreibung: Wir sind immer und ewig zusammen! Wir umsorgen einander! Du bist so perfekt, so wunderbar! Ich brauche dich! Ich kann ohne dich nicht leben! Ich werde immer bei dir sein! Ich werde dich nie verlassen! Es ist intensive, auch überforderte Zweisamkeit: leidenschaftlich, romantisch, kopflos, scheinbar happy, scheinbar ewige Harmonie.

2. Kompromiss-Phase: meint Verschiedenheit, (Aus-)Handeln, Auseinandersetzung, Neuentdeckungen.

Merksatz: du tust mir weh!
Beschreibung: Verschiedenheit wird deutlich und schmerzt. Die Einsicht überrascht: Wir haben nicht immer das gleiche Fühlen und Denken. Die Andersartigkeit kennenlernen im Alltag, in der Pflicht, der Gewohnheit bringt neue, unbekannte, ja erschreckende Seiten des Partners. Das Paar strebt nach ewiger Nähe und ewiger Harmonie. Ein Stück Fremdheit, gegenseitiges Wehtun wird jedoch immer bleiben.

3. Konfrontations-Phase: meint Machtkampf, Polarisierung, Kontrolle.

Merksatz: du solltest sein wie ich!
Beschreibung: Es wird sehr lebendig innerhalb des Paares: Streitigkeiten, Wut, Stress, Kämpfe, Fluchtversuche, Misstrauen, Drohungen, Vorwürfe. Keiner will nachgeben. Vergleiche mit Eltern fallen: Du bist

wie dein Vater, wie deine Mutter! Schuldzuweisungen fallen: Du bist verantwortlich! Du bist an allem schuld! Individuelles Wachsen wird nötig. Unterstützt es der Partner?

4. Konkurrenz-Phase: meint Identitätssuche, Häutung.

Merksatz: ich will ich sein!
Beschreibung: Ich suche mein Glück! Du bist (manchmal) im Weg dabei! Wer bin ich denn? Wer bist du wirklich? Die Verschiedenartigkeit ist immer noch Bedrohung. Grenzen werden gesehen und (einige) überschritten. Alte, gefestigte Reaktionen brechen auf. Erste Schritte in Eigenverantwortung werden gewagt. Erstaunlich: Sie belasten nicht unnötig, sondern bereichern die Beziehung.

5. Koevolutions-Phase: meint Ich-Wachstum und Wir-Wachstum, Einzel- und Paarentwicklung.

Merksatz: ich bin ich und du bist du!
Beschreibung: Es ist die Zeit intensiven Reiferwerdens. Jeder Beziehungsteil ent-wickelt sich: Kurse, Weiterbildung, Sprachen lernen. Ich brauche viel Zeit, viel Raum, viel Luft für mich! Ich will dich nicht (mehr) ändern! Du sollst du bleiben, neben deinen Fehlern schätze ich ja viel positive Seiten an dir! Unsere Sexualität ist Ausdruck der Vertrautheit, des Zusammenseins.

6. Kooperations-Phase: meint Akzeptanz, zusammenarbeiten, gemeinsam altern, einander stützen und fördern.

Merksatz: ich bin mal ich und mal wir!
Beschreibung: Es geht besser, als beide dachten: mal getrennt, mal zusammen leben. Konflikte zehren nicht grundsätzlich am Beziehungs-Hauptnerv. Sie werden geschickt angegangen, z.B. indem wir uns aus-

sprechen, darüber reden, Wege suchen. Ich schaue auf meine Bedürfnisse und Wünsche, du auf deine. Ich akzeptiere den andern voll. Jeder Teil geniesst das Alleinsein und dann wieder das Zusammensein. Jeder Teil freut sich an den Erfolgen des andern. Schmerzen, Krankheiten, Lebensschläge belasten, bedrücken und bereichern.

Nochmals: Die Beziehungs-Treppenstufen sind nie in der schematischen Reihenfolge. Alle Beziehungen pendeln. Wertvolle Seiten bringen alle. Abwärtsschritte sind immer möglich. Vorwärtsschritte bereichern. Angenehme Seiten haben alle. Unangenehme aber auch.

Beziehungen wecken Liebe und Hass

Für viele Menschen ist die Liebe immer gut, der Hass immer schlecht. Dieses Entweder-Oder ist falsch. Es gibt fragwürdige, zweifelhafte, ja krankhafte Liebe. Und es gibt hilfreichen, konstruktiven, ja heilsamen Hass.

Zuerst: Hass und Wut sind ganz normale, menschliche Gefühle. Hass ist keine Krankheit. Hass ist oft nötig. Sobald ich Hass zulasse, ihn genauer angucke, stelle ich fest, dass er destruktiv und konstruktiv sein kann, verletzend und heilend, tödlich und lebensrettend, unkontrolliert und kontrolliert, erstarrend und verändernd, leblos und lebendig, gewalttätig und beschützend, krankmachend und gesundmachend. Je differenzierter ich die verschiedenen Formen von Hass und Liebe wahrnehme, umso geschickter wird mein Umgang mit diesen zwei sehr wichtigen Gefühlen.

Wenn der Dampfkochtopf pfeift, dann kocht und wütet es in seinem Innern. Enorme Hitze und Kraft hat sich angestaut. Niemand wird jetzt die Verschraubung des Deckels lösen. Mit destruktiver Wucht würde die zurückgestaute und zusammengepferchte Macht explodieren und böse Schäden anrichten. Zuerst lässt das Ventil überschüssigen Dampf ab. Erst jetzt kollern die gekochten Nahrungsmittel aus dem Topf. Der gestaute Wasserdampf und die grosse Wärme haben sie fünfmal schneller gar gemacht, als es die gewöhnliche Pfanne könnte.

Wir Menschen sind ähnliche Dampfkochtöpfe. Unterschiedlich schnell geht die Hitze des Temperamentes und Charakters hoch. Einige reagieren blitzschnell, bei andern dauerts Monate. Giftige Überdruck-Pfeiftöne produzieren wir alle. Entscheidend ist das Folgende: Die Verschraubung lösen bringt Explosionen, Jähzornausbrüche, Schlägereien, Zerstörung, Verletzungen. Notventile lassen überschüssige Kräfte ab. Wenn ich meinen Seelen-Dampfkochtopf, meinen Kessel der Verbitterung, meine Schale des Zorns so leeren kann, dass ich geniessbare Nahrungsmittel, gemeinschaftsfördernde Atmosphäre und grössere Freiheiten produziere, dann war mein gestauter Hass konstruktiv.

«Ich war so zornig, dass ich die ganze Wohnstube reinigte», klagte eine Frau. Sie hat nicht Kinder, Partner, Verwandte, Nachbarn oder Tiere verletzt. Sie hat ihren Zorn konstruktiv eingesetzt. Doch sind Wutausbrüche noch keine Problemlösungen. Sie bringen in der Regel etwas Luft, aber noch keine Lebensverbesserungen. Staus und Anfälle können sich in regelmässigen Abständen wiederholen.

Der wichtige nächste Schritt ist darum die Ursachenbekämpfung: Woher kommt mein Ärger? Wo staut und steigert sich meine Wut? Geschehen die Explosionen an bestimmten Wochentagen? Bei welchen Situationen? Lässt sich dort etwas verändern? Gibt es Verbesserungen, Unfallverhütungen, Vorbeugemassnahmen, die ich engagiert anpacken muss? Oder kann ich lernen, Unverbesserliches, Unveränderbares einsichtsvoll und bestmöglich für mich einigermassen erträglich zu machen?

Wir alle wünschen sehnlichst: Zur echten Liebe gehören weder Schmerzen noch Trauer, Leid oder Kummer! Wir belasten so jede Beziehung mit absolut unrealistischen Erwartungen. Denn: Keine Liebe ist frei von Kränkungen, Bitternis, Verletzungen. Keine Liebe ist frei von Problemen, Konflikten. Keine Liebe ist frei von negativen Einflüssen. Keine Liebe ist ungetrübt. Keine Liebe ist ewiger Friede, himmlische Harmonie. Keine Liebe ist vor Frosteinbrüchen gesichert. Keine Liebe ist ohne Hass. – Der Verhaltensforscher und Nobelpreisträger Konrad Lorenz hat nachgewiesen, dass Liebe ohne Hass nie möglich ist. Also: Jede (!) Liebe bringt auch Aggressionen. Hingegen gibt es traurigerweise das Umgekehrte: Aggressionen ohne Liebe, Gewalt und Krieg ohne Rücksicht. «Homo homini lupus», der Mensch ist für andere ein Wolf.

Andere Menschen sind nicht meine Kopien. Sie werden logischerweise Dinge tun und sagen, die mich ärgern, die mich kränken oder eifersüchtig machen. Wenn ich lerne, mit diesen meinen dunklen Schattenseiten positiv umzugehen, werden meine Beziehungen wachsen.

Wenn ich Trennung und Eigenständigkeit akzeptiere und fördere, werden meine Beziehungen (noch) stärker werden. Beziehungen pflegen ist Arbeit. Liebe und Hass sind eineiige Zwillinge. Liebe und Hass sind zwei Seiten der gleichen Medaille. Liebe und Hass sind die zwei Brennpunkte der Ellipse.

Alle Menschen meinen, sie können mit Liebe umgehen. Liebe sei sowieso immer prima, immer hilfreich, immer positiv. Die wenigsten lernen: Liebe kann auch negativ und destruktiv sein. Es gibt z.B. eine falsche Liebe, die «dem (faulen) Frieden zuliebe» immer schweigt und schluckt. Die falsche Liebe macht sich selber und andere unfrei, abhängig. Die falsche Liebe erzwingt etwas: Gegenliebe, Dankbarkeit, Serviceleistungen. Die falsche Liebe ist berechnend: Ich gab dir dieses und erwarte dafür jenes. Die falsche Liebe wird fanatisch: Sie will andern Menschen die eigene (religiöse) Ansicht aufzwingen. So entstehen Ehekriege, Geschwisterkriege, Glaubenskriege, Völkerkriege. «Und willst du nicht mein Bruder sein, so schlag ich dir den Schädel ein!» Die falsche Liebe weiss immer, was für andere Menschen das Richtige ist. Die falsche Liebe schluckt alles, duckt sich, erduldet grenzenlos und geht kaputt dabei.

Menschen, die wir lieben, hassen wir nicht. Meinen wir. Die Realität sieht genau umgekehrt aus: Jene Menschen, die uns am meisten lieben, sind jene, die uns auch gewaltig hassen. Genau in der Familie, in der Zelle der Liebe, gedeiht und blüht auch der Hass. In Familien geschehen Misshandlungen, Inzest, Unterdrückung, Ungerechtigkeit, Sadismus, Brutalität, Sexismus, Mord und Totschlag. Siehe heutige Zeitung. Schon Kinder sind nicht nur lieb, sondern auch gerissen, hinterhältig, bedrohlich. Schon Kinder beissen, schlagen, kratzen und quälen. Zur Geschwisterliebe gehören Geschwisterhiebe. Da walten einerseits friedliches Spielen und gegenseitiges Helfen. Da wüten anderseits aber auch Rivalität und Gewalt. Sogar bei erwachsenen Geschwistern. Nicht selten zeigen sich die Feindseligkeiten auf versteckte, subtile Art und Weise.

Jede Erwachsenenbeziehung hat Tiefs. Viele Menschen erschrecken, wenn sie in sich plötzlich Wut und Zorn entdecken, sogar den Partner, den Chef oder Nachbarn ins Pfefferland wünschen. Alle Paare erschrecken, wenn sie sich gegenseitig kränken oder absichtlich verletzen. Sollen sie das verheimlichen, kaschieren? – Kinder registrieren mit haarscharfer Präzision alles Unausgesprochene. Das versteckte Leiden, die erstickten Wünsche, die drückenden Ängste, der grollende und verborgene Hass sind unartikulierte Fakten jedes Familienlebens. Nur die Wände flüstern dann. Nur verschlüsselt zeigen sich ungelebtes, eingeschränktes Leben, tiefe Unzufriedenheit, verletztes Zurückstecken. C.G. Jung war der festen Auffassung, dass Kinder durch nichts stärker beeinflusst werden als durch diese unsichtbaren Giftzeichen des kranken, unehrlichen Familienklimas.

Alles Verdrängte, alles Versteckte, alles Weggeschobene wirkt eben unsichtbar. Und ist erst noch doppelt so kräftig. Monatealter, zurückgehaltener, verdrängter Hass braucht nur ein Zündhölzchen zur Zündung. Schon bricht der gestaute Vulkan aus, unkontrolliert, destruktiv. Das Böse, das Negative steckt in mir. Das Gewalttätige ist in mir. Aus dem Herzen kommen böse Gedanken, sagt Jesus.

Hass signalisiert unzufriedenes Leben. Jede Aggression meldet verfehltes Leben. Jeder Frust hat mit mir zu tun. Hass ist ein Wegweiser auf dem Weg zu mir selber. Ich bin nicht (mehr) zufrieden mit mir, meinem Arbeitsklima, einer konkreten Beziehung, meinem Tagesrhythmus. Jeder körperliche und seelische Schmerz kann zu einer Türe werden, die in neue, unbekannte Lebensgebiete führt (siehe Kapitel 2 und 3). Nicht sel-

ten brauche ich meine Aggressionen, um meinen inneren Bremsen, meinen Blockierungen, meinen Hindernissen tapfer entgegenzutreten. Erst mein Leidensdruck bewirkt wichtige Veränderungen: «Jetzt ist es genug. Jetzt muss etwas geschehen!»

In Träumen und Fantasien kann ich meine Widersacher, alle gehassten Menschen erschiessen, eine ärgerliche Menschengruppe in die Luft sprengen. Das ist schon mal etwas. Hilfreicher ist das Stillestehen, das Nachdenken: Wo kommt denn mein Hass her? Soll ich (endlich) «alten Mist» begraben? Welche (Wut-)Aktionen wären konstruktiv? Gibt es Rituale, gute Traditionen und Bräuche, die mir helfen? Werde ich im Sport, im Garten, im wissenschaftlichen, unternehmerischen Arbeiten aktiv(er)? Kann ich reifer, gelassener werden? Achte ich meine und andere Privatsphären? Gebe und nehme ich Freiräume? Kann ich mich selber pflegen? Lerne ich das überzeugte Schweigen und gezielte Reden? Weise ich alles Destruktive konsequent zurück? Versuche ich Eifersüchte, Rachegedanken, Privatfehden mit eigener Hand lösungsbewusst zu führen?

Hilfreicher Umgang mit dem Liebe-Gegenpol Hass braucht viel Kraft. Destruktiver Hass zerstört. Konstruktiver Hass verbessert. Dampfkochtopf-Explosionen zerstören. Gute Dampfkochtopf-Gerichte dagegen erfreuen.

Negatives wird positiv

Durch eine Oase ging ein finsterer Mann, Ben Sadok. Er war so gallig in seinem Charakter, dass er nichts Gesundes und Schönes sehen konnte, ohne es zu verderben. Am Rande der Oase stand ein junger Palmbaum im besten Wachstum. Der stach dem finsteren Mann in die Augen. Er nahm einen schweren Stein und legte ihn der jungen Palme mitten in die Krone. Mit einem bösen Lachen ging er weiter. Die junge Palme schüttelte sich und bog sich und versuchte, die Last abzuschütteln. Vergebens. Zu fest sass der Stein in der Krone. Da krallte sich der junge Baum tiefer in den Boden und stemmte sich gegen die steinerne Last. Er senkte seine Wurzeln so tief, dass sie die verborgene Wasserader der Oase erreichten, und stemmte den Stein so hoch, dass die Krone über jeden Schatten hinausreichte. Wasser aus der Tiefe und Sonnenglut aus der Höhe machten eine königliche Palme aus dem jungen Baum. Nach Jahren kam Ben Sadok wieder, um sich an dem Krüppelbaum zu freuen, den er verdorben hatte. Er suchte vergebens. Da senkte die stolzeste Palme ihre Krone, zeigte den Stein und sagte: «Ben Sadok, ich muss dir danken, deine Last hat mich stark gemacht.»
(Franz Gypkens)

♡

Nüchternheit

- Alle Menschen wollen ihren Vorteil erreichen und Nachteile für sich vermeiden.
- Jeder ist auf andere angewiesen, wenn er im Leben etwas erreichen will. Auch durch Beziehungen sucht jeder seinen Vorteil: Menschen unterhalten Beziehungen miteinander, weil sie sich gegenseitig helfen können, Vorteile zu erreichen.
- Es gibt im Leben grundsätzlich nichts Wertvolles geschenkt, sondern man muss meist für alles, was man will, etwas tun. Alle «guten» Beziehungen zwischen Menschen sind Tauschbeziehungen, die allen Beteiligten Vorteile bringen.

Zwang zum Ärger

Ich kann mich den ganzen Tag ärgern, –
aber ich bin nicht verpflichtet dazu.

Beziehungen erfordern Korrekturen

Friedrich Schiller reimte eine jahrhundertealte Tradition: «Mut zeigt auch der Mameluck; Gehorsam ist des Christen Schmuck.» Also: Zum Christen gehört der Gehorsam, das Unterordnen, die Sanftheit, das Dulden, Nicht-Aufbegehren. Damit sind viele Bibelausleger einverstanden. Recht so, möchte ich anfügen. Aber nur für gewisse Situationen, nicht immer!

«Von meinen Eltern war ich so erzogen, dass ich allen Erwachsenen und besonders Älteren mit Achtung und Ehrerbietung zu begegnen hatte, ganz gleich, aus welchen Kreisen sie kämen. Überall, wo es notwendig ist, behilflich zu sein, wurde mir zur obersten Pflicht gemacht. Ganz besonders wurde ich immer darauf hingewiesen, dass ich Wünsche oder Anordnungen der Eltern, der Lehrer, Pfarrer usw., ja aller Erwachsenen bis zum Dienstpersonal unverzüglich durchzuführen bzw. zu befolgen hätte und mich durch nichts davon abhalten lassen dürfe. Was diese sagten, sei immer richtig. Diese Erziehungsgrundsätze sind mir in Fleisch und Blut übergegangen.»

Der Schreiber dieser Zeilen hat den Gehorsam gelernt. Er hat eine strenge, christliche Erziehung genossen. Auch als die Nazis ihm das sinnlose Morden befahlen, hat er gehorcht, «alle Anordnungen unverzüglich durchgeführt, alles befolgt, sich durch nichts abhalten lassen». Er heisst Rudolf Höss. Von Mai 1940 bis November 1943 leitete er das Konzentrationslager Auschwitz.

Wer stur gehorcht, kann zum Mörder werden. Deshalb ist eine Erziehung, die den Ungehorsam ausschliesst, abzulehnen. Es gibt traurige wissenschaftliche Experimente: Zahlreiche Studenten waren z.B. bereit, einem anderen auf Geheiss eines Spielleiters Stromstösse zu verabreichen. Der «andere» war allerdings Schauspieler, und die Apparate standen nicht unter Strom, was die Studenten nicht wussten. 40 Prozent von ihnen trieben das Experiment auf die Spitze, d.h. sie drehten den Hebel voll auf, im Bewusstsein, die Testperson damit brutal quälen zu können.

Nicht nur in der Ausübung physischer Gewalt sind Menschen brutal. Auch die versteckten seelischen Quälereien kennen und leben wir. Ein holländisches Experiment zeigt dies: Ein (vermeintlich) neuer Arbeiter sollte von seinen Betriebskollegen mit unfeinen Bemerkungen und Einmischungen seelisch malträtiert werden. Das erschreckende Resultat: Im vollen Bewusstsein, ihrem Mitmenschen die berufliche Zukunft zu zerstören, gehorchten 92 Prozent der Handlanger ohne Murren den Anordnungen des Versuchsleiters, des «Führers». Einige sagten dann in der Nachbefragung, dass ihnen dabei nicht wohl gewesen sei. Die Schuld trage aber selbstverständlich der Versuchsleiter. Sie hätten ja nur dessen Anleitung befolgt, sie hätten nur gehorcht. – Wo bleibt die Befehlsverweigerung?

Die Pflicht zum Gehorsam ist eine wesentliche Säule der bürgerlichen Ethik. Sie wird ebenso oft falsch verstanden wie ad absurdum geführt. Der heutige Mensch fragt wohl zu Recht, warum denn praktisch nie vom Widerstand, vom bewusst verantwortlichen Dagegensein die Rede ist. Jesus sagte nämlich nie: Seid fleissig, zuverlässig, pünktlich, sorgt für die Familien, spart fürs Alter! Im Gegenteil: Er verwies auf die Lilien im Felde. Er brach das Sabbat-Gesetz. Der Sonntag sei für die Menschen da und nicht der Mensch für den Sonntag. Er warf die staatlich konzessionierten Gewerbetreibenden aus dem Tempel. Er verhinderte völlig eigenmächtig das Todesurteil gegen eine auf frischer Tat ertappte und rechtmässig angeklagte Ehebrecherin. Jesus war kritisch gegen Normen und Ordnungen. Sogar gegen «heilige» Ordnungen, wenn sie bloss den weltlichen Machthabern dienten. Er half den Machtlosen, den Diskriminierten, den «Taugenichtsen». Er beobachtete etwa bei den Pharisäern, dass jene Menschen, die stur und strikte Normen gehorchten, unfrei, unschöpferisch, fanatisch, ja lieblos und brutal wurden. Und er brachte vor allem eine frohe, keine knechtische Botschaft, keine Sammlung von Vorschriften, keinen Gesetzes-Kodex. Er wünschte am Liebesgebot orientiertes, und nicht normiertes Handeln: Wir sollten Gott mehr gehorchen als den Menschen. Er will mein Denken, meine Verantwortung!

Das hat lebenslange Konsequenzen für mein Reden und Nichtreden, für mein Handeln und Nichthandeln. Kann ich mein Tun verantworten? Stehe ich hinter meinen Worten? Ist hier wirklich Gehorsam richtig, oder doch eher Ungehorsam, also Widerstand? Darum korrigieren wir Friedrich Schiller: Auch Ungehorsam kann des Christen Schmuck sein! Auch Ungehorsam und Befehlsverweigerung gehören in Beziehungen. Gefährliche Beziehungsentwicklungen sollten frühzeitig korrigiert werden. Es gibt ein falsches Gehorchen, ein falsches Leiden.

Wir gehorchen zuviel

als sie mit zwanzig
ein kind erwartete
wurde ihr heirat befohlen
als sie geheiratet hatte
wurde ihr verzicht
auf alle studienpläne
befohlen
als sie mit dreissig
noch unternehmungslust zeigte
wurde ihr dienst im hause
befohlen
als sie mit vierzig
noch einmal zu leben versuchte
wurde ihr anstand und tugend
befohlen
als sie mit fünfzig
verbraucht und enttäuscht war
zog ihr mann
zu einer jüngeren frau
wir befehlen zu viel
wir gehorchen zu viel
wir leben zu wenig
(Kurt Marti)

Selber verantworten

Kannst Du Dir vorstellen, ganz für Dich verantwortlich zu sein?
Dann ist es so:
Niemand lügt Dich an, aber Du lässt Dich anlügen!
Niemand stiehlt Dir etwas, aber Du lässt Dich bestehlen!
Niemand legt Dich rein, aber Du lässt Dich reinlegen!
Niemand erzwingt Dein Dabeisein, aber Du lässt Dich zum Dabeisein zwingen!
Niemand stiehlt Dir Dein Geld, aber Du lässt Dir Dein Geld stehlen!
Kannst Du Dir vorstellen, ganz für Dich verantwortlich zu sein?
Dann ist es so:
Niemand nützt Dich aus, aber Du lässt Dich ausnützen!
Niemand erzwingt Deine Aufmerksamkeit, aber Du lässt Dich ablenken!
Niemand ärgert Dich wegen Nebensächlichkeiten, aber Du lässt Dich auf Nebensächlichkeiten ein!
Niemand zwingt Dich in religiöse Abenteuer, aber Du lässt Dich von Fanatikern überreden!
Kannst Du Dir vorstellen, ganz für Dich verantwortlich zu sein?
Dann ist es so:
Niemand stiehlt Dir Deine Zeit, aber Du lässt Dir Deine Zeit stehlen!
Niemand schneidet Dir dauernd das Wort ab, aber Du wehrst Dich zu wenig!
Niemand erpresst Dich mit Deiner Gutmütigkeit, aber Du lässt Dich erpressen!
Niemand saugt Dich aus, aber Du lässt Dich aussaugen!
Niemand ist mächtig über Dich, aber Du gibst gewissen Leuten Macht über Dich!
Kannst Du Dir vorstellen, wirklich ganz für Dich verantwortlich zu sein?
Willst Du es versuchen? Immer wieder?
(WR)

Beziehungen erwirken Veränderungen

Eine Briefschreiberin:

«Sami und ich sind jetzt 23 Jahre verheiratet. Zwei Kinder sind erwachsen und ausgezogen. Der Nachzügler zählt 12 Jahre. Seit drei Monaten ist Sami total verändert. Nichts an mir ist ihm mehr recht. Plötzlich enge ich sein Leben ein. Er wolle seine Freiheit und keine emanzipierte Frau. Dabei erledige ich genau das, was ich in allen Ehejahren getan habe: Ich verwalte die Finanzen, kümmere mich um Kinder, Haushalt und Garten. Ich bin ein gutes, er sagt jetzt: ein langweiliges Hausmütterchen. Meine Schwester meint, Sami verkrafte das Älterwerden nicht. Er hat jetzt wieder ständig Magenschmerzen, aber zum Hausarzt oder Spezialisten will er nicht gehen. Ich möchte ihm nur Krankheiten einreden, behauptet er. Mediziner suchten nur Patienten, bessern würde das nicht. Mich schockieren und nerven Samis lieblose Attacken. Ich kann nicht mehr weiter.» Barbara

Diese Situation tönt nicht gut. Wer ohne persönliche Mitteilungen aus seinem Innersten, ohne direkte Ich-Begegnungen, ohne intime Kommunikation mit allen Beteiligten sich so verändert, der fällt früher oder später aus dem seelischen Gleichgewicht, der wird krank. Samis Magenschmerzen sind ein Alarmzeichen.

Das Beziehungs-Gleichgewicht ist weg. Die Beziehung ist krank. Gespräche sind dringend. Diese zwei Menschen sollten ihre Masken ablegen. Sami sollte Barbara z.B. sagen, was ihn seit drei Monaten bedrückt, wo er sich eingeengt fühlt, was für eine Freiheit er wünscht, welche Emanzipation und Langweiligkeit ihn am «Hausmütterchen» stört, wie er sich seine neuen Lieblosigkeiten erklärt. Es ist ja durchaus möglich, dass ihn Zukunftsängste bedrücken. Ein Mann in diesem Alter kann das Gefühl haben, das meiste sei jetzt vorbei: War das das Leben? War das alles? Ist die Liebe zu Barbara vorbei? Auch Barbara muss in einem geeigneten Moment ihr Herz öffnen, muss sagen, was sie drückt: «Mir scheint, dich plagt etwas! Sag es nur, auch wenn es unbequem ist, wir können über alles reden! Möchtest du einmal das Finanzdepartement übernehmen? Welche Verbesserungen und Wünsche hast du für unseren langweilig gewordenen Ehe-Alltag?»

Es ist durchaus möglich, dass auch Barbara eine Beziehungs-Müdigkeit spürt. Auch ihre Jugend ist vorbei. Aber das ist überhaupt kein Anlass zu resignieren. In jeder Lebenskrise stecken Wachstums-Chancen. Die Losung lautet: Weiterziehen! Nicht stumpfsinnig weitermachen, als ob nichts geschehen wäre. Vor Barbara und Sami liegen das Heute und die Zukunft. Diese sollen sie gestalten. Da sind jetzt ehrliche Gespräche notwendig.

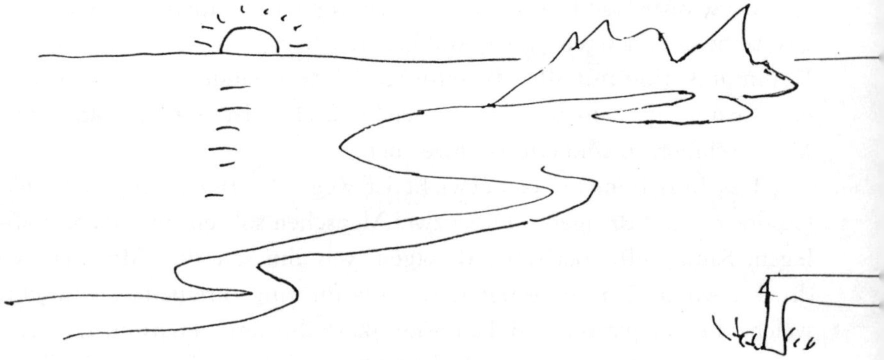

Mich beeindruckt immer Jesu Direktheit. Sobald er bei seinen Mitmenschen Probleme spürte oder ahnte, sprach er diese an: «Worüber habt ihr euch unterwegs gestritten?» Dieses direkte Reden ist hilfreich. «Sprich den Menschen neben dir an, dessen Wort man dir berichtet», sagt Salomo. So können falsche Vermutungen verhindert werden. So können gefährliche Beziehungs-Lawinenauslöser im Anfangsstadium entschärft werden.

Wenn zwei Menschen eine positive Entfaltung gerade auch in Krisen wünschen, dann müssen sie einander offen begegnen. Was Barbara ihrer Schwester klagt, muss sie Sami sagen. Samis Körperschmerzen dienen ihm zum Jammern, zum Mitleid-Erheischen. Aber etwas ändern an der Ursache will er nicht. Ja nicht zum Arzt gehen. Ja nicht der so liebenswürdigen Barbara Vorwürfe machen. Genau diese lieblosen Attacken nerven Barbara. Sie ist am Ende, weiss nicht mehr weiter. «Raus mit der Sprache», empfehlen wir Sami. Liebe heisst auch Unangenehmes aussprechen. Liebe

heisst miteinander Krisen bewältigen. Liebe heisst dem Partner sagen, was mich drückt und quält. Liebe heisst miteinander ungefiltert reden.

Alles ändert sich, alles altert, alles fliesst. Alle Menschen ändern sich. Ich bin nicht mehr der Mensch wie noch vor einem Jahr. Du auch nicht. Ich bin nicht mehr der gleiche Mensch, mit dem du eine Beziehung wagtest. Du auch nicht. Wir sind anders geworden. Neue Erfahrungen, neue Lebensjahre, neue Wünsche, neue Gedanken, neue Bedürfnisse bereichern und belasten uns. Ich akzeptiere unsere Veränderungen, unser Reifen, Wachsen. Neue Zusagen und neue Absprachen werden nötig. Keine Beziehungs-Abmachung gilt bis zum Tod. Alle Wünsche dürfen ausgesprochen werden. Ganz besonders auch neue Anliegen gehören auf den Gesprächstisch. Auch sexuelle Unzufriedenheiten sind nicht tabu. Sich schämen ist in einer guten Beziehung nicht nötig.

«Ich habe viel zu früh geheiratet, mit 19», klagt eine Frau. Was sie denn noch vor der Ehe gemacht hätte, fragt der Berater. Die spontane Sofortantwort: «England besucht und Englisch gelernt!» Das könne sie jetzt doch prima nachholen, die Kinder seien ja ausgeflogen, meint der Berater. Erstaunte Augen: «Das werde ich mit dem Mann besprechen!» – Es geschah: Volle neun Monate lebte die 48jährige jenseits des Kanals, und zweimal flog der Mann ihr nach, er, der in seinem ganzen Leben vorher noch nie in einem Flugzeug sass.

Gefühle verändern sich. Plötzlich stört mich etwas, was ich früher gar nicht beachtete. Gefühle werden nicht abgeblockt, nicht in Flaschen eingekorkt. Sie gehören in die sich wandelnde Beziehung. Ich respektiere deinen ganz privaten Persönlichkeitsbereich. Ich durchforsche nie deine Post, nie dein Tagebuch, nie deine Telefonate. Ich will nicht kontrollieren, sondern respektieren, akzeptieren und fragen. Liebe kann nicht geschaffen, nicht erzwungen, nicht mit Gewalt neu entflammt, nicht manipuliert werden. Liebe ist Geschenk und blüht nur in der Freiheit.

Beziehungsrisse beginnen klein. Immer breiter kann der Spalt, der Graben zwischen den Betroffenen werden. Mit einer Seitenbemerkung, einem harmlosen Witz, einem Blick, mit Unachtsamkeit kann das Auseinanderrutschen beginnen. Dauernd tröpfeln Giftstoffe in eine kränkelnde Beziehung: Neid, Missgunst, Geldsucht, Fanatismus. Spaltpilze vergiften Stimmungen und Gefühle. Feste Beziehungen beginnen zu lottern. – Genau da sind sofort erste und ernste Korrekturen fällig. Viele Geschwister-, viele Nachbarschafts-, viele Hetero- und Homo-Beziehungen müssten nicht in die Brüche gehen, wenn gleich bei den ersten Misstönen korrigiert würde. Veränderungen sollten Beziehungen bereichern, festigen.

Vielleicht sind sie ja gar nicht so schockierend schlimm, vielleicht nur Schreckgespenster, nur Hirnübertreibungen. Ich kann mich täuschen, ich habe das Beziehungsklima falsch eingeschätzt. Also: Vermutungen überprüfen! Direkt und ungeniert fragen! Mit mir fängt es an. Ich muss in den Spiegel gucken. Der Weg zu mir ist manchmal mühsam (siehe Kapitel 1 und 2).

Halbtot vor Durst sprang eines Tages ein Hund zu einem Wassertümpel. Aber sein Spiegelbild verhinderte das Trinken: Jedesmal, wenn er sich näher zum ersehnten Wasser vorwagte, kam der «Rivale» ebenfalls bedrohlich näher. Jedesmal, wenn er diesen zornig anbellte, tat es der «andere» auch. Schliesslich wurde sein Durst so gross, dass er alle Ängste überwand und ins Wasser sprang. Sofort verschwand der «andere» Hund.

Jeder Mensch ist hie und da sich selbst ein Hindernis. Erst wenn er seine eigenen, innern Barrieren, die lähmenden Ängste überwindet, die falschen Spiegelbilder, die eingebildeten Rivalen lebensdurstig durchschaut, den Mutsprung ins ersehnte, durstlöschende Wasser wagt, erst dann verschwinden die unwirklichen Hirngespinste. Und zwar schlagartig.

Immer zwei Seiten

Leben muss abschiedlich gelebt werden
Leben darf abschiedlich gelebt werden
alles, was wir halten möchten, geht vorüber
alles, was uns bedrückt, geht vorüber

Beziehungs-Abmachungen

- wir teilen das meiste, aber nicht alles miteinander
- jeder Partner verändert sich
- jeder Teil übernimmt Verantwortung
- mein Partner tut das nicht für mich, was ich selber für mich tun kann
- jeder hat verschiedene Bedürfnisse, Fähigkeiten, Wertmassstäbe und Erwartungen, wir leben mit diesen Konflikten
- mein Partner ist ein anderer Mensch, nicht ein typischer Vertreter des anderen Geschlechts
- das gemeinsame Ziel ist eine gegenseitige Beziehung, nicht gesellschaftlicher Status, nicht Besitz oder Kinder
- ich bin bereit, flexibel zu sein, Neues zu lernen
- ich achte auf die Privatsphäre meines Partners
- in Sachen Finanzen vertrauen wir einander
- Sympathie und Liebe auf der Grundlage gegenseitiger Achtung wachsen
- ich darf auch geheime Wünsche und Gefühle meinem Partner sagen, er nimmt mich ernst
- erotische und sexuelle Harmonie gibt es nicht von selbst
- ich reserviere Zeit für meinen Partner – zuhören heisst: in die Haut meines Partners schlüpfen
- ich will den Partner nicht für mich haben, sondern für ihn da sein in der Erwartung, ich darf ich sein

Schweres kann kitten

Als mein Partner krank wurde und für etliche Wochen ins Spital musste, waren wir sehr niedergeschlagen. Wie wirkt sich das auf unsere Beziehung aus? – Ich fand Zeit, ihn jeden Tag zu besuchen. Bald stellten wir fest, dass wir mehr Zeit hatten, miteinander zu reden und aufeinander zu hören, als oft in der Hetze des Alltags. So haben uns die Spitalwochen enger verbunden und nicht getrennt, wie wir zuerst gefürchtet hatten. (Brief)

Loslassen

Beim Schenken sollten wir immer wieder einmal dem andern das geben, was wir selber gern behalten möchten.
(Selma Lagerlöf)

Beziehungen benötigen Pflege

Liebe setzt nicht nur ein Du voraus, sondern vor allem auch ein Ich. Beziehungspflege beginnt darum bei mir. Gewitterwolken verdüstern immer wieder meine Seele. Gespenster erschrecken mich. Ich werde flügellahm, mutlos. Ich bilde mir ein: Ich bin nichts! Ich kann nichts! Ich habe nichts! Ich habe nichts erreicht!

Ganz falsch. Ich bin sehr viel. Ich bin, was kein anderer Mensch auf der Welt sein kann: Ich bin ich. Ich bin einmalig. – Ich vergleiche mich immer wieder mit andern. Das ist falsch. Nur dann komme ich mir klein vor. Ich kann nicht alles. Aber ich kann einiges. Ich kann mich noch entwickeln. Ich darf zufrieden sein. Ich muss von mir nicht zuviel wollen. Ich muss meine Fähigkeiten nicht übersteigen.

Die Antreiber stecken in mir. Sie reden mir ein, ich sollte noch mehr machen, sollte vollkommen sein, sollte mehr leisten, weniger schlafen, weniger Musse geniessen, fleissiger aufräumen, pünktlicher sein, exakter sein. Die inneren Antreiber werten mich ab, verlangen Unmögliches, wirken zerstörerisch und entmutigend.

Ich stehe zu viel und zu lange an meinem Lebensgartenzaun. Dauernd gucke ich in andere Gärten. Wie gepflegt, wie sauber, wie fröhlich, wie ertragreich, wie perfekt sind diese Nachbarsgärten! Prompt wertet mich diese Fremdorientierung ab. Prompt vergesse ich darob das Bearbeiten und Geniessen meines eigenen Gartens. Prompt verwildert, verödet mein Lebensland. Prompt übersehe ich die fantastischen Blumen bei mir!

Ich bin nicht nichts. Ich habe nicht nichts. Ich habe mich. Ich habe es nicht nötig, andere zu beneiden. Auch wenn äusserlich mein Leben mal still steht, innerlich bleibe ich unterwegs. Auch wenn ich in einer traurigen Lebensdurststrecke und öder Wüste stecke, bleibt meine Seele lebendig, wach, präsent und neugierig. Gerade weil es mir vielleicht mal dreckig, eklig und sehr unangenehm geht, will ich nicht ein Dauernörgeli und hässiger Herummeckerer an mir und meinen Beziehungspartnern werden. Erst in Grenzsituationen stosse ich auf das Wesentliche im Leben.

Aufbauend, konstruktiv, helfend kritisieren ist sehr schwierig. Das Umgekehrte erleben wir täglich, also das Meckern, Blossstellen, Abwerten, die destruktive Kritik. Wie schade! Positive Worte wecken doch zehnmal mehr Lebensenergien, sogar wenn darin eine Korrekturverbesserung meinerseits gewünscht wird.

Eine junge Frau ärgert sich masslos über ihren Partner: Er rülpst nach dem Essen! Für die empfindsame Frau tönt es vor allem zu laut. Die an und für sich harmlose Situation ist bereits so verfahren, dass ihr das kleine Mödeli des Mannes den ganzen Appetit verdirbt. Sie isst nur noch wenig, dafür lauert sie zitternd auf die grässlichen Echotöne. Besonders schrecklich ist es für sie, wenn noch Gäste am Tisch sitzen. In ihrer Herkunftsfamilie war so etwas absolut unüblich. Beim Mann dagegen alltäglich. Anfänglich lachte sie über sich selber, über ihre Überempfindlichkeit. Heute ist es für sie unmöglich, den Mann darauf aufmerksam zu machen. Sie schweigt. Sie duldet. Und sie wird krank.

Kritik auszusprechen ist schwer. Kritik so zu übermitteln, so hilfreich zu «verpacken», dass sie vom Mitmenschen aufgenommen, «geschluckt» werden kann, lernen wir das ganze Leben lang. – An was liegt es? Warum wird etwas Störendes nicht natürlich und unkompliziert ausgesprochen? Ganz sachlich, schlicht, als Feststellung, in einer Ich-Botschaft, in einem geschickten Moment? Sehr oft reagieren nämlich die angesprochenen Menschen erstaunt. Etwa: «Aha, das stört dich! Sogar schon lange? Warum hast du es mir denn nicht früher gesagt? Wieso erzählst du das einem Fremden? Wieso nicht mir direkt?» Weil der andere mich liebt, sagt er mir auch unangenehme Sachen. Weil der andere eine mehrjährige, intensive Nachbarschaft oder Partnerschaft wünscht, kritisiert er mich. Er will mir mit seiner Kritik weiterhelfen. Ihm ist unsere Beziehung wichtig. Kritik tut weh. Liebe muss sich hie und da weh tun. Jede Rose trägt fein duftende Blüten, aber auch stechende Dornen. Darum ist die Rose das Symbol für unsere Beziehung. Zur Liebe gehören Dornen. Zur Liebe gehört die gute, konstruktive Kritik.

Jede Lebensphase bringt neue Auseinandersetzungen. Veränderungen müssen abgesprochen werden. Was ich ändern möchte, will der Partner vielleicht nicht verändern. Was ich kritisiere, gefällt möglicherweise dem anderen Menschen. Was mir behagt, kritisiert meine Umgebung. Es ist wirklich schwierig, Kritik zu geben und Kritik zu akzeptieren.

Eine Frau übernahm eine neue Arbeit in einem grösseren Betrieb. Sonderbarerweise mieden sie die neuen Mitarbeiter/innen. Bei jeder Morgen- und Mittagspause sass sie allein. Niemand plauderte mit ihr, niemand fragte nach Startproblemen. Warum? Weil die Frau einen unangenehmen Geruch verbreitete. Meistens trug sie Kleider aus synthetischen Materialien. Und das unzureichende Wechseln der Kleidungsstücke schuf die störenden Düfte. Doch niemand sagte dies der eingeschüchterten, ratlosen und verwirrten Frau. So ein Thema anzusprechen ist heikel, ist kritisch, ist nicht angenehm, könnte Unannehmlichkeiten bringen. Bereits überlegte die neue, tüchtige Mitarbeiterin das Weiterziehen. Bereits dachte sie an Kündigung. Da zog sie eine mutige Kollegin auf die Seite. Beherzt fragte diese: «Ist Ihnen auch schon aufgefallen, dass Sie immer allein sitzen?» Mit dieser geschickten Frage war das Eis gebrochen. Wie ein Wasserfall sprudelte das gestaute Leid aus der neuen Angestellten. Und wie ein trockener Schwamm sog sie die helfende Kritik in sich auf.

Positive, konstruktive Kritik ist hilfreich, ist klärend, ist erlösend, ist heilbringend, ist beziehungs- und lebensverbessernd. Aufnehmen, annehmen, überlegen, nachdenken, Verbesserungen wagen ist tüchtige, anstrengende Arbeit. Aber das lohnt sich.

Vorwürfe, Meckerei, destruktive Kritik sind bei uns sehr verbreitet: «Ja, die kenne ich! Jener ist aber ein ganz unmöglicher Kerl! Vor jenen Menschen musst du dich in acht nehmen, die sind gefährlich und unangenehm, die denken anders, die glauben nicht so wie wir!» Wenn die Vorwürfe ganz vernichtend werden, dann tönt dies in Du-Sätzen: «Du kommst immer zu spät! Du solltest wieder einmal aufräumen! Du solltest dich halt ändern, dann hätten wir den Frieden! Du bist wie deine Mutter! Du begreifst das nie! Deine Telefonate dauern hundertmal länger als meine!» All diese Anklagen und Anschuldigungen sind Sackgassen. Vorwürfe wecken Gegenwehr. Diktatur weckt Opposition. Einengung weckt Freiheitskräfte. Aktionen wecken Re-Aktionen. Schläge wecken Gegenschläge. Das übliche Hickhack geht also weiter. Die

Streitmühle mahlt weiter. Die Konfliktspirale dreht eine weitere Kurve. Das Zusammenlebklima hat sich um keinen Deut gebessert.

Echte Hilfe für Beziehungs-, Nachbarschafts- und Arbeitsplatzverbesserungen bringt nur die aufbauende, optimistische Kritik. Da werden aufwertende, mutmachende, positive Vorschläge geäussert. Da werden Lob, Freude, Begeisterung, Aufmunterung ausgesprochen. Daneben dann auch, möglichst bestens begründet, Spannungen, Ärger, Ängste, Wut und Unzufriedenheit.

Es geht um den gesunden Ausgleich: Gewissen Ärger kann ich für mich behalten. Ich kann ihn hinunterschlucken, zwar nicht begeistert, aber ich verdaue ihn, er liegt mir nicht auf dem Magen. Andere Verletzungen müssen heraus, müssen klar formuliert und diskutiert werden. Dieses Leid kann ich gar nicht schlucken, nicht für mich behalten, nicht verdauen. Warum nicht? Weil dieser Ärger krank macht. Weil er Magen- und Seelenschmerzen bringt. Da muss ich mich wehren. Konstruktiv!

Beziehungen benötigen Pflege. Zeit haben für den Beziehungspartner ist zum Beispiel wichtiger, als viel Geld für ihn haben. Jedes Jahr ein Wochenende, einige Ferientage, immer wieder einmal einige gemeinsame Stunden ohne Nachwuchs kann Beziehungselixier, kann Benzin für die gemeinsame Lebensfahrt oder «Gleitöl» für das stehengebliebene Beziehungs-Uhrwerk sein!

Beziehungspflege heisst immer wieder loslassen. Den Partner freigeben, ihn zu seinem Leben ermuntern, Kinder loslassen, Eltern loslassen, Lebensabschnitte loslassen, Besitz loslassen. – Adam war nackt. Ohne Kleider, ohne Haus, ohne Besitz. Wir kommen genauso mit leeren Händen auf die Welt. Ebenfalls nackt und besitzlos. Und der Abschied ist ähnlich. Mit leeren Händen gehen wir wieder. Dazwischen liegt ein eigenartiger Werdegang: Zwischen Geburt und Tod ist ein Haschen, Rennen, Kämpfen, Ringen, sogar Morden um Besitz. Obwohl alle Menschen wissen, dass sie von all dem Gesammelten rein gar nichts mitnehmen können, bekommen sie nie genug davon. Sonderbar!

Der Fehler am Besitz besteht darin, dass wir das, was wir besitzen, mit dem verwechseln, was wir sind. Wir denken, wir wären mehr, wenn wir mehr haben. Wir denken, wir wären mehr wert, wenn wir viel besitzen. Wir kaufen ein tolles Auto, prächtige Kleider, ein Haus und denken, diese Dinge wären nun ein Teil von uns. Wenn andere Menschen das protzige Auto bewundern, fühlen wir uns, als ob sie uns selbst bewundern. Wenn die prächtigen Kleider, die Aufmachung, der Schmuck auffallen, denken wir, wir selbst fallen auf, wir werden bestaunt. Wenn andere Menschen die grosse Wohnung bestaunen und die lauten Parties hören, dann denken wir, wir selbst werden bestaunt, wir selbst werden geachtet. Welche Täuschung: Besitz wertet meine Person nicht auf!

In einem Märchen der Gebrüder Grimm muss der kranke König, um gesund werden zu können, das Hemd eines glücklichen Menschen suchen. War das eine schwierige Aufgabe: Einen glücklichen Menschen suchen! Die vielen Boten durchfragten das ganze Reich. Erfolglos. Kein Angefragter antwortete: Ja, ich bin glücklich! Bis ganz zuletzt. Das war ein armer Hirte. Er war glücklich. Aber: Er hatte kein Hemd. – Wäre es heute anders? Würden wir Begüterten, wir Reichen, wir Besitzenden offen sagen können: Ja, ich bin glücklich?

Der Besitzende prahlt mit dem Besitz, als ob der Besitz er selbst wäre. Besitz ist darum Täuschung. Die Leute, die sich einbilden, ein Stück Erde durch irgendeine Urkunde besitzen zu können, sind genauso verrückt wie jene Amerikaner, welche Grundstücke auf dem Mond kaufen. Eine Wiese oder einen Wald «besitzen» die Vögel, die Tiere, die Liebespaare, die Wanderer, die sich darin tummeln, die es geniessen. Aber auf keinen Fall besitzt jener Mensch das Land, der eine Besitzurkunde darüber hat. Alle Menschen «besitzen» die ganze Natur, den Sternenhimmel, die Landschaften. Eine Handvoll Wasser ist ein Schatz, ein Vogel, ein Fröschlein, ein Stein, ein Stück Holz, eine Vollmondlandschaft. Auch wenn all dieser Besitz keinen festen Preis an der Börse hat.

«Ihr sollt euch nicht Schätze sammeln auf Erden, wo sie die Motten und der Rost fressen, und wo die Diebe nachgraben und stehlen. Sammelt euch aber Schätze im Himmel, wo sie weder Motten noch Rost fressen, und wo die Diebe nicht nachgraben noch stehlen. Denn wo euer Schatz ist, da ist auch euer Herz.» So sagte Jesus. Was meinte er damit? – «Wenn ich einmal reich wär...» singt der arme Milchmann Tewje im Musical «Anatevka». Ein Haus wünscht er, mit einer riesigen Treppe hinauf und einer noch grössen hinunter. Und Hühner, Enten, Gänse wünscht er. Und er weiss schon: Die Leute würden ihn dann ehrerbietig grüssen. Ein Ehrenplatz in der Synagoge wäre ihm sicher. Und er hätte Zeit, die Bibel zu studieren. Und, und, und. Schon allein der Gedanke daran macht ihm Vergnügen und versüsst ihm den armseligen Jammer-Alltag.

Unsere Wünsche sind wahrscheinlich bescheidener. Nur neue Jeans. Nur ein CD-Player. Nur ein Teppich. Nur ein besseres Velo. Nur einmal nach Rom. Nur eine andere Frisur. Nur, nur, nur. Jeder erfüllte Wunsch kriegt sofort Junge, beobachtete Wilhelm Busch. Kann ich wunschlos glücklich sein? Kann ich besitzlos glücklich sein? Bleibt das ganze Leben ein Haschen nach Besitz, ein Haschen nach Wind?

Wir behaupten: Das ist meine Frau! Das ist mein Mann! Das ist mein Kind! Und das tönt genau gleich wie: Das ist mein Taschenmesser! Das ist meine Blumenvase! Das ist mein Auto! Das ist mein Besitz! –

Das Taschenmesser-Denken wird so auf den Partner und die Kinder übertragen. Ich kann mit dem Besitz machen, was ich will. Ich kann eine neue Frau kaufen wie eine Armbanduhr. Ich kann den Mann abhängen wie einen Eisenbahnwagen. Ich kann Kinder behandeln wie die Geranien auf dem Balkon. Welch gefährliches Denken!

Sokrates soll einmal in einem Athener Warenhaus ganz begeistert ausgerufen haben: «Wie viele Dinge gibt es doch, die ich nicht nötig habe!» Ein goldiger Gedanke! Es gibt so viel Unnötiges! – Wir heutigen Menschen denken und leben genau umgekehrt: Wir entdecken täglich Dinge, die uns noch fehlen, die wir noch so dringend nötig haben. Ganz besonders in unseren Warenhäusern wird uns schmerzhaft bewusst, was eigentlich noch zum endgültigen Glücklichsein gehören würde. Da liegen 10 Brotsorten, 20 Seifen, 30 Schokoladen, 40 Getränke, 50 Hosen, 60 Käsesorten, 70 Reiseideen, 80 Sportartikel, 90 Nichtigkeiten und Hunderte von Büchern.

Unser Lebensstil ist sonderbar. Jeder zweite Arbeitende wäre bereit, noch mehr zu arbeiten. Wozu? Um das zusätzlich Verdiente gleich auszugeben! Um (noch) mehr Güter und Aktivitäten zu kaufen. Dabei sind so viele Dinge Tand, Trug, nutzlos, sinnlos, wertlos. Jedes Souvenir ist ein Staubfänger. Jede Maschine braucht Energie und Wartung. Jedes zusätzliche Fettkilo verkürzt das Leben. Jede Sammlung benötigt Platz, erwartet Weiterführung. Jedes aufgenommene, ausgeliehene oder gekaufte Video zwingt mich, es auch anzusehen. Jede abonnierte Zeitung muss ich lesen.

Ein Athener Warenhaus zu Sokrates' Zeiten hatte sicher ein bescheidenes Kaufangebot: einige Nahrungsmittel, einige Haushaltartikel, einige Kleidungsstücke, Schluss. Was würde Sokrates sagen, wenn er unsere Supermärkte oder «Einkaufswelten» sähe? Er würde gleich in Ohnmacht fallen, erschlagen von der Riesenfülle. 10 000 Gegenstände besitzt jeder einzelne Mensch bei uns: Zehntausend Dinge! Laut Statistik. Was diese Menge Dinge für eine Menge Platz und eine Menge Wartung braucht!

Bin ich einzelner Mensch machtlos? Kann ich bescheidenes Zahnrädchen einen gigantischen Konsum-Leerlauf bremsen? Ist Verzicht auf Unnötiges realistisch? Kann ich mein Leben im Stil des Sokrates führen? Kann ich mein überlastetes Leben vereinfachen, es von Unnützem etwas (!) entrümpeln?

Ich meine ganz überzeugt: Ja, ich kann! Es werden keine gewaltigen Veränderungen sein. Aber schon kleine Schrittchen sind befreiend, bringen mehr Atemluft, sind sogar reizvoll, lustvoll. Beispiele: Seit 20 Jahren kommt bei uns kein neues Buch ins Haus, ohne dass ein unnötiges hinaus muss. Verschiedene Verwendungen sind immer möglich: Interessierte, Heime, Bekannte, Flohmärkte, Brockenstuben, Papiersammlung. – Geschenke, die uns nicht begeistern, lehnen wir dankend ab. Es ist ehrlich. Zudem: Was uns nicht freut, begeistert andere Menschen! – Wenn wir Abzustossendes der Brockenstube bringen, spazieren wir nur zum Gucken durchs verlockende Haus: Wir möchten nicht doppelt so viele Dinge heimschleppen, wie wir hingebracht haben! – Statt ganze Zeitschriften sammle ich nur ausgeschnittene Artikel, und beim Einordnen in die Hängeregistratur fliegen gleich veraltete, jahrelang gehortete Beiträge in den Papierkorb. Das ist permanente Entsorgung! – Schliesslich: Freigewordener Platz wird nicht sofort mit neuen Dingen gefüllt.

Die unbezahlbaren immateriellen Werte und Kostbarkeiten des Alltags sind wichtig: Intensives Leben mit allen fünf Sinnen bereichert. Freude am eigenen Körper, an der Natur, am Reichtum eines Tages oder Augenblickes erfüllt. Zärtlichkeiten lassen Augen aufleuchten. Vertrauen in mich und meine Mitmenschen, Zeit für mich und Zeit für andere, Eigenliebe und Nächstenliebe sind beglückende, sich ergänzende Gegensätze. Tage mit guten und schwierigen Stunden, mit Aufheiterungen und Verdüsterungen, mit Freuden und Leiden, mit Frohsinn und Konflikten, mit Karfreitag und Ostern, mit Tief- und Höhepunkten bereichern und stärken meine Seele. Beziehungen knüpfen und mit kleinen Aufmerksamkeiten immer wieder hegen und pflegen, schenkt innern Reichtum. Das sind die unvergesslichen, unkäuflichen, nicht zu stehlenden, aber wirklich wichtigen Dinge, die wir alle sehr nötig haben.

Beziehungen sind hundertmal wichtiger als Besitz. Darum suchen alle Menschen Beziehungen. Beziehungen zu sich und andern. Auch wenn diese neben Freuden sogar Leiden bringen. Auch wenn diese oft mühsam sind und immer wieder Pflege brauchen. Beziehungen machen verantwortlich. «Du bist verantwortlich für das, was du gezähmt hast», sagt uns Antoine de Saint-Exupéry durch seinen «Petit Prince». Das ist das Grosse in meinem Leben, dass ich selber Verantwortung übernehme.

Der Mensch ist auf Dialog angelegt, auf Gespräche, Begegnungen. Menschsein ohne Kommunikation ist leer, fad, sinnlos. Zeit zum ehrlichen, offenen Gespräch ist nie verlorene Zeit.

Gibt eine Beziehung dem Leben Sinn? Sie könnte. Aber es hapert mit dem «Füreinander in guten wie in bösen Tagen dasein». Viele Zweierbeziehungen scheitern. – Gibt eine Familie dem Leben Sinn? Sie könnte. Aber das soziale Netz innerhalb der Blutsverwandten wird erschreckend oft dem anonymen Netz des Staates überlassen. Wir zahlen ja Steuern dafür. – Gibt der Staat dem Leben Sinn? Er könnte. Aber seine Ideale «Vaterland» oder «Heimat» verschwinden aus unserem Wortschatz, sind uns sogar peinlich geworden. Und politisches Engagement lockt je länger je weniger. – Geben die Kirchen dem Leben Sinn? Sie könnten. Aber sie zelebrieren oft nur noch Showrituale und verschwinden gänzlich aus dem Lebensbereich vieler Leute. Heutige Menschen kennen eher die zwölf Sternzeichen der Astrologie als die Zehn Gebote.

Es gibt keine volle Sicherheit. Bis zum letzten Atemzug bleibt jeder Mensch unsicher: Habe ich jetzt den Sinn meines Lebens erfüllt – oder verpasst? Jeder Lebenstag bringt Sinn-Suche: Was soll ich jetzt tun – was lassen? Ist es sinnvoller, dahin oder dorthin zu gehen? Ist es sinnvoller, das zu sagen oder jenes oder gar nichts? Habe ich jetzt meinen Lebensweg gefunden – oder verpasst? Jeder Lebenstag bringt Weg-Suche: Welchen Weg soll ich einschlagen – welchen meiden? Wie schütze ich meine Originalität – wieviel lasse ich los? Sprudelt meine Lebensquelle in mir noch – ist sie verschüttet? Sogar ein bisschen Lebens-Chaos schadet mir hie und da nicht. Ent-Wicklung setzt das Sich-Verwickeln voraus, also das Durcheinander.

Es gibt keine volle Sicherheit. Bis zum letzten Atemzug bleibt der Mensch unsicher: Habe ich jetzt mein Ich gefördert – oder vernachlässigt? Habe ich jetzt meine Beziehungen geschickt gefördert – oder vernachlässigt? Was soll ich in dieser oder jener Beziehung tun – was lassen? Ist es sinnvoller, Ja zu sagen oder Nein oder gar nichts? Welche Korrekturen, welche Veränderungen, welche Pflege sind genau jetzt sehr dringend? Wie schütze ich unsere Gemeinschaft – wo und wie lasse ich frischen Wind herein? Sprudelt unsere Beziehungsquelle noch – ist sie verschüttet?

«Liebe, und dann tue, was du willst», sagte Augustinus. Vergiss dabei nicht: Viel Liebe geht durch die Haut! 1,5 Quadratmeter Haut haben wir, etwa zwei Millionen Nervenzellen. Kennen wir die Sprache unserer Haut? Kenne ich die Sprache meiner Haut? Kann ich zärtlich, empfindsam, gefühlvoll sein? Kann ich streicheln, berühren, liebkosen? Kann ich liebe, teilnahmsvolle Worte aussprechen, nehme ich mir Zeit, meine Meinung kundzutun? – Das alles ist Nahrung für meine Seele und für die Seele der anderen. Und diese Nahrung ist genauso wichtig wie Proteine und Vitamine.

Ausfüllen und diskutieren

mir gefällt an dir: ______________________________

dir gefällt an mir: ______________________________

mir gefällt an mir: ______________________________

dir gefällt an dir: ______________________________

Durchreise

Ein Tourist darf in einem Kloster bei Mönchen übernachten. Er ist sehr erstaunt über die spartanische Einrichtung ihrer Zellen und fragt die Mönche: «Wo habt ihr eure Möbel?» Schlagfertig fragen die Mönche zurück: «Ja, wo haben Sie denn Ihre?» «Meine?» erwidert darauf der Tourist verblüfft. «Ich bin ja nur auf der Durchreise hier!» «Eben», werfen da die Mönche ein, «das sind wir auch!»

Stufen

Wie jede Blüte welkt und jede Jugend
dem Alter weicht, blüht jede Lebensstufe,
blüht jede Weisheit auch und jede Tugend
zu ihrer Zeit und darf nicht ewig dauern.
Es muss das Herz bei jedem Lebensrufe
bereit zum Abschied sein und Neubeginne,
um sich in Tapferkeit und ohne Trauern
in andre, neue Bindungen zu geben.
Und jedem Anfang wohnt ein Zauber inne,
der uns beschützt und der uns hilft, zu leben.
Wir sollen heiter Raum um Raum durchschreiten,
an keinem wie an einer Heimat hängen,
der Weltgeist will nicht fesseln uns und engen,
er will uns Stuf'um Stufe heben, weiten.
Kaum sind wir heimisch einem Lebenskreise
und traulich eingewohnt, so droht Erschlaffen;
nur wer bereit zu Aufbruch ist und Reise,
mag lähmender Gewöhnung sich entraffen.
Es wird vielleicht auch noch die Todesstunde
uns neuen Räumen jung entgegen senden,
des Lebens Ruf an uns wird niemals enden...
wohlan denn, Herz, nimm Abschied und gesunde!
(Hermann Hesse)

Sinn

Wenn durch einen Menschen ein wenig mehr Liebe und Güte, ein wenig mehr Licht und Wahrheit in der Welt war, hat sein Leben einen Sinn gehabt. (Alfred Delp)

Bürde

Auf dieser Welt lebt keiner vergebens, der die Bürde eines anderen leichter zu machen versteht. (Helen Keller)

Geld

Warum wollen die meisten Leute lieber mit Dingen Eindruck machen, die viel Geld kosten, statt mit Liebenswürdigkeiten, die nichts kosten würden?

Kritik

Es heisst oft, wir dürfen nur dann kritisieren, wenn wir auch konkrete Verbesserungs-Vorschläge bringen. Das ist nicht immer richtig: In unserer heutigen Zeit stimmen manche Sitten, Traditionen, Sprichwörter und Familienbräuche nicht mehr, die uns unsere Eltern überlieferten. Diese sollen wir getrost kritisieren und fallenlassen.
(Brief)

Ich sein

Eigentlich bin ich ganz anders, nur komme ich selten dazu!
(Ödön von Horvath)

Bitte beachten Sie die folgenden Seiten mit weiteren Büchern aus unserem Verlag.

Peter Fässler-Weibel

Mut zum Ehealltag

3. Auflage, 96 Seiten, kartoniert
Fr. 19.80

Dieses Buch ermöglicht dem Leser, sich mit sich selber und seiner Beziehung zum Partner auseinanderzusetzen. Die «Fragen zum Nachdenken» erleichtern jedem das Überprüfen der eigenen Position. Erfahrungen und Hinweise aus der Praxis vermitteln Impulse und Ideen, um aus einer guten Paarbeziehung eine bessere zu machen.

Angespornt durch zahlreiche Reaktionen auf seine Artikelserie «Mut zu einer fairen Ehe» in einer weitverbreiteten Familienzeitschrift, schrieb der Autor dieses Buch. Es kann auch allen, die in ihrer täglichen Arbeit mit Eheproblemen konfrontiert werden, wertvolle Hinweise vermitteln.

Peter Fässler-Weibel

Hilfen für ein Leben zu zweit

110 Seiten, kartoniert
Fr. 19.80

Mit der Art und Weise, wie Menschen leben, hinterlassen sie Spuren. Sie prägen Menschen und werden von ihnen geprägt. Solche Spuren in der Zweierbeziehung zu entdecken, aufzudecken, zu befragen und nach Veränderungen zu suchen, ist das Ziel dieses Buches. Es wendet sich an jene Paare, die ihr Zusammenleben nicht einfach dem Schicksal überlassen wollen, sondern bereit sind, an einer besseren und tragfähigeren Beziehung zu bauen. Eingefahrene Spuren sollen verlassen und neue gesucht werden.